Antigamente era melhor

Antigamente era melhor
Thiago Lia Fook

© Moinhos, 2019.
© Thiago Lia Fook, 2019.

Edição:
Camila Araujo & Nathan Matos

Assistente Editorial:
Sérgio Ricardo

Revisão:
Ana Kércia Falconeri

Diagramação e Projeto Gráfico:
LiteraturaBr Editorial

Capa:
Sérgio Ricardo

*Nesta edição, respeitou-se o
Novo Acordo Ortográfico da Língua Portuguesa.*

Dados Internacionais de Catalogação na Publicação (CIP) de acordo com ISBD

F686a
Foook, Thiago Lia
Antigamente era melhor / Thiago Lia Foook.
Belo Horizonte, MG : Moinhos, 2019.
96 p. ; 14cm x 21cm.
ISBN: 978-85-45557-77-7
1. Literatura brasileira. 2. Contos. I. Título.
2019-178
                              CDD 869.8992301
                              CDU 821.134.3(81)-34

Elaborado por Odilio Hilario Moreira Junior — CRB-8/9949

Índice para catálogo sistemático:
1. Literatura brasileira : Contos 869.8992301
2. Literatura brasileira : Contos 821.134.3(81)-34

Todos os direitos desta edição reservados à
Editora Moinhos
editoramoinhos.com.br
contato@editoramoinhos.com.br

Sumário

- *9* Assombração
- *14* O sonho do pardal
- *21* A Revolução de 89
- *29* A loteria de Cartésio
- *40* O caso de Zé William
- *45* War
- *52* Triunfo
- *58* Danúbio azul
- *65* Medalhinha milagrosa
- *72* Boletim de ocorrência
- *80* A Sua Excelência o Juiz
- *87* Tchau, querido

*Para Marina, Aline Pinho e meu pai, Epaminondas.
E para João Matias, Wander Shirukaya e Joedson,
que detonaram os contos deste livro, impedindo desastre maior.*

Assombração

Noite dessas faltou energia aqui em casa, ou melhor, fui até a janela e notei que tinha sido no bairro inteiro. Aí acessei a internet com o pouquinho de carga que restava no celular e soube que era apagão em boa parte do país. Pois bem, na noite do apagão, eu aproveitei pra ficar no quintal vendo estrelas.

Perdi o senso? Não, só queria me admirar de como os antigos conseguiam distinguir uma constelação de outra a olho nu. Olhar pro espaço e dizer que ali é escorpião, acolá é virgem e mais adiante é aquário. Fascinante, né não? Acho que tudo ficou tão conhecido e codificado que a gente já parte hoje dos manuais e perde a sensibilidade.

Enfim, eu retornava aos primórdios, o cachorro do vizinho povoava o silêncio e o vento refrescava a escuridão quando Márcia ligou com uma ordem na ponta da língua. Ei, vem aqui em casa que a gente apronta alguma coisa pra matar o tempo. Vou não, Marcinha, se a rua tá perigosa com poste de luz, imagine sem luz no poste.

Mas Márcia nunca aceita minhas decisões. Insistiu, persistiu, tirou o carro da garagem, rodou três quarteirões e buzinou no meu juízo. Eu ia fazer o quê? Nós somos muito apegadas desde a infância. Embarquei na dela. Os meninos já tinham ido pra cama e Wellington pro Trauma. Ela chamou a vizinha de porta e bateu o martelo:

— Bora aproveitar que tá tudo no breu e fazer como nas antigas.

Então nos fez sentar no chão, em torno de três velas de sete dias, e baixou o decreto. Cada qual contaria uma história de arrepiar a nuca e a que fizesse o relato menos horripilante ficaria amarrada e de olhos vendados no quarto de empregada, enquanto as demais a submeteriam a uma sessão de terror que duraria o tempo de uma aula de matemática.

Eu não topei, a vizinha também não, mas Marcinha não estava nem aí pra isso. Botou um concerto de cordas e percussão de Bartók no iPhone, escondeu o aparelho por trás da cortina, escancarou a porta da varanda e tomou seu lugar na roda. Vamos? Eu cedi, a vizinha também. Começou ela mesma o jogo. Mais ou menos assim:

Logo depois que Tonton e eu noivamos, ele passou pra residência no Rio, e eu fiquei aqui em Jampa, sem ter o que aprontar nos fins de semana, ainda por cima com Verinha em São Paulo fazendo o mestrado. Eu estudava pro concurso do Fisco durante o dia, mas à noite era aquela morgação. Um belo dia, uma amiga me chamou pro jantar de despedida de uma amiga dela que tava de mudança pra Recife – Ana Rita, uma porra-louca. Tomava todas, puxava um cigarrinho do capeta e viajava na maionese. Trinta anos e já ia pro segundo casamento, mas o primeiro marido tinha morrido num acidente de moto aí na estrada de Cabedelo. Desastre terrível, eu lembro. E ela ficou arrasada, com filhinho de braço ainda por cima, uma confusão. Coisa de dois anos depois, conheceu um rapaz bacana e decidiu aprumar o juízo, casar de novo, reconstruir a vida. Aí vem o que interessa. O jantar era de despedida justamente porque Ana Rita ia casar e se mudar na semana seguinte, mas ela tava em crise, pensando em anular tudo, e tinha um motivo do além pra isso. Logo depois que ela começou a namorar João, coisas estranhas passaram a acontecer. Uma gaveta aberta na cozinha, um porta-retrato virado na sala, uma rede estendida no quarto, um vaso com as flores arrancadas na varanda, mas ela não tinha aberto, virado, estendido nem arrancado nada. Aí ela passou a ver vultos, ouvir ruídos, sentir cheiros e pensou que tava pirando. Quis contar tudo pra João, mas teve medo do cara pensar que ela tinha voltado a usar alguma dessas coisas viajadas e se segurou, apostou que aquilo ia passar. Até que, um belo dia, quando ela voltou do trabalho, encontrou o uniforme de motoqueiro do finado estendido na cama e entrou em pânico. Só podia ser alguém que andava entrando na casa e pregando uma peça de muitíssimo mau gosto nela. Mas quem? Ela se trancou no quarto, ligou pro namorado e ficou lá esperando ele chegar pra resgatá-la daquela situação pavorosa. De repente, ela sentiu um hálito conhecido se aproximando da boca. Não viu ninguém, piscou três vezes e viu Batista, o falecido! Aí ela não soube se ficava ou se corria e terminou desabando na cama quando ele começou a falar. Disse que tinha ficado muito chateado por ela estar saindo com outro cara, por isso vinha bagunçando tudo dentro de casa, mais pra aporrinhar que assustar, só que terminou percebendo o mal que causava e não podia esperar dela, tão nova e bonita, que ficasse viúva até o fim da vida. Que ela namorasse o outro, tudo bem, ele se resignava, desde que aceitasse a presença dele, era essa a condição pra deixá-la em paz. Ela contou que ficou fechando e abrindo os olhos e contando um, dois, três, achando que a aparição sumiria depois de quatro, cinco, seis piscadelas, mas ele continuava lá, sete, oito, n vezes, morto-vivinho da silva. Então, ela se convenceu de que era verdade a visão que tinha diante de si e fez todas essas perguntas que a gente faria a um fantasma se ele entrasse pairando por essa varanda. Batista falou um monte de maluquices pra ela. Pra encurtar, conversa vai, conversa vem, ela terminou aceitando que ele a visitasse, com a condição de contar tudo pro outro. Foi o que ela fez, mas o outro não acreditou. Um belo dia, o vivo estava na casa quando o morto chegou, atirou uma caixa de pregos nos pés dele e disse já que você tomou meu lugar, eu mereço pelo menos que acredite em mim. Foi o maior fuzuê, não na casa de Ana Rita, mas lá mesmo no jantar de despedida, porque de repente o vento soprou forte, uma porta bateu e uma lâmpada pipocou. Aí todo mundo percebeu que já era muito tarde e a gente saiu às pressas sem ouvir o fim da história.

Marcinha concluiu com um sorriso de adolescente nos lábios, mas nenhuma de nós melou as calcinhas por causa de uma historieta pra criança não dormir em mil novecentos e lá vai cocada. Aí rimos todas de como nos assustávamos com essas bobagens quarenta anos atrás. Nisso, a luz voltou, a vizinha foi dormir e eu dispensei a carona de Márcia.
    É aqui que eu queria chegar.
    Caí no sono tão logo entrei em casa. Lá pelas duas ou três da manhã, acordei num sobressalto e dei por mim de joelhos sobre o colchão. Não entendi ao certo o que me acordou nem de onde vinha um não sei o que de estranho me assustando, até que o cachorro do vizinho latiu e algo se arrastou de repente no quintal. Em dois pulos, eu estava na cozinha.
    Espiei pela janela acima do balcão e vi apenas as folhas da trepadeira agitadas pelo vento. Tem alguém aí? Tem alguém aí? Tem alguém aí? O vento soprou mais forte, entrou pelo basculante e derrubou a garrafinha de detergente. Desviei o olhar pra pia e senti algo se mover bruscamente do lado de fora. O cachorro desatou a latir.

Fiquei tão desnorteada pelo medo que não cuidei de chamar a polícia ou apelar pra Virgem Maria. Tratei foi de me proteger pelos próprios meios e saí às pressas pela casa, conferindo as trancas e me certificando de que não havia nada nem ninguém debaixo da mesa ou por trás do sofá, e me descobrindo tão só quanto desamparada.

Passei pro quarto, rodei a chave e me empacotei com o lençol, pregando bem firme as bordas com os pés e a lateral do corpo. Fiquei assim por um bom tempo, esperando que a noite desaguasse na aurora e espantasse a assombração, porém o tempo demorava a passar mais que em celular sem conexão.

Então me lembrei do refúgio de toda a vida, lamentei que ela não estivesse comigo no quarto ao lado e estiquei lentamente o braço trêmulo pra pegar o celular na mesa de cabeceira. Alô... hein... ele só volta de manhã... claro que pode... mas o que tá acontecendo... eu vou aí... tá bom... juntinhas, como nas antigas...

Só então me dei conta de que não havia revistado o quarto antes de me enfiar no lençol. Aquela cena horrível do calcanhar cortado em Kill Bill me veio à cabeça e eu dei um grito. Tremi, suei, quase desmaiei, respirei fundo e saltei de quatro no chão. Rá! Não vi nada nem ninguém embaixo da cama.

Vesti o roupão, caminhei aos trancos e barrancos até a porta da sala. O melhor seria sair na pontinha dos pés, sem fazer barulho com o carro. Girei a chave, espiei lá fora, atravessei o jardim à beira do abismo e, sem olhar para trás nem para os lados, abri o portão menor, desembestei o mais depressa que pude.

O sonho do pardal

Quando eu era menino, meus pais compraram uma casa com quintal e quartinho dos fundos em uma rua da Prata que ainda não havia sido engolida pelo centro da cidade. Rua tranquila, vizinhos velhos. Meu irmão e eu éramos os únicos amiguinhos um do outro, mas não tínhamos os mesmos interesses. Ele caçava fantasmas no quartinho dos fundos, eu assobiava para os passarinhos no quintal.

Só que os bichos eram todos muito chatos. Os bem-te-vis viviam só para si, cuidando de afinar sempre mais o gogó a fim de cantar com sempre mais perfeição a cada aurora. Os beija-flores voavam agitados e vaidosos de uma pétala para outra e só paravam diante de poças d'água, para apreciar as próprias penas. E os pardais eram brigões que só entendiam de bicar uns aos outros sem dó nem piedade.

O tempo foi passando e eu fui me cansando de não ser correspondido. Não trates como manteiga quem te trata como margarina, advertia vovó Manoela a tia Carolina, que vivia com dor de cotovelo pelos cantos da casa. Aliás, escrevo esse relato e ainda escuto a voz dela dizendo isso, com aquela mistura de rigor e ternura que não ouvi sair de nenhuma outra boca até hoje.

Deixei então os passarinhos para lá e passei a caçar fantasmas com meu irmão. Mas eu não era um caçador bem-sucedido. Ele via vultos amedrontadores que eu não enxergava, escutava vozes zombeteiras que eu não ouvia, corria de seres invisíveis que sequer me sopravam a orelha. Então, meus pais o levaram a um médico afamado em Recife, ele passou a tomar umas pílulas e deixou de ver fantasmas.

Mas foi ficando distante e eu, sozinho. Até que um dia vovó me levou a uma escola dos infernos e explicou que eu passaria a frequentar algum tipo de curso ali. Não entendi muito bem do que se tratava, mas logo passei a assistir aulas com uma senhora de cabelos arroxeados, óculos fundos e voz estridente que me mandava decorar pequenos textos e ler trechos de um livro exótico.

Eram ameaçadoras e aterrorizantes as passagens que ela nos mandava ler. Eu me lembro de uma que contava a história de um ancião que havia matado criancinhas só porque elas o tinham chamado de careca, e de outro que prometia atirar nas chamas de uma grande fogueira quem não acreditasse que todas as fantasias ali fossem verdadeiras. Comecei a cultivar minhocas na cabeça.

Uma vez, acordei aos prantos e suado no meio da madrugada.

— Um monstro de sete cabeças! Lá embaixo, apitando a campainha!

Naquela mesma noite, meu pai pôs fim às aulas com a senhora de cabelos arroxeados, óculos fundos e voz estridente. Não quero perder outro filho! Não vou perder outro filho! Mas foi precisamente então que o proibido se tornou atraente e, sempre que ninguém estava por perto e a postos, eu tirava o livro do maleiro, corria com ele para o quintal e me aventurava naquelas invencionices.

Certo dia, eu estava lendo a história de um passarinho que não trabalhava e contava com a ajuda de um senhor muito poderoso que lhe fazia a feira, pagava as contas, comprava roupas e o cobria de todos os mimos imagináveis para um bicho chato, penoso e bicudo. Foi então que ouvi um barulho rasgar os galhos bem acima da minha cabeça, descer raspando por meus cabelos e arremeter em direção ao telhado.

Eram dois pardais brigões.

Larguei o livro e fiquei observando a luta. Os dois trocaram bicadas, bateram as asas, trinaram com fúria e foram finalmente apartados pelo cansaço. Um voou para longe; o outro veio em minha direção, ventilou meu nariz e pousou no volume aberto sobre a grama. Esperei, estudei, inspirei, expirei e, quando estava para enxotá-lo dali e voltar para dentro de casa, ele falou:

— Você não acha que esse passarinho é mais feliz que eu?

Deveria ter me espantado com aquilo, mas fiquei tão curioso que não tive tempo de correr assustado.

— Qual? O do livro?

— Está vendo outro além dele e de mim aqui?

— Desculpe.

— Então, você não acha?

— Talvez...

— Talvez sim ou talvez não?

— Não sei.

— Já vi que você não sabe de nada. Esse tempo todo me observando e não consegue responder a uma pergunta tão simples, ó céus!

— Você sabia que era observado?!

— Lógico! Sou uma ave, não uma esponja.

— E por que nunca me disse sequer um bom dia?

— Você só ficava aí, olhando feito tonto. Alguma vez, por acaso, você mesmo me disse bom dia, boa tarde, boa noite ou qualquer um desses não-me-toques de uso humano?

Fiquei envergonhado, procurei o que dizer nas mãos e terminei enfiando as duas nos bolsos.

— Mas você e ele não vivem da mesma forma? Acordam, cantam, voam, bicam as frutas, soltam aquelas melequinhas brancas e dormem?

— Continuo vendo que você é um verdadeiro ignorante. Voando sobre esses telhados, descobri mais do seu mundo do que você do meu. Escute aqui, nosso mundo é tão diversificado quanto o seu. Eu não tenho um protetor como esse boa-vida do livro não. Ele deve ser dos bandos do Sul, mais ricos e sofisticados. Todos os dias, tenho que acordar, sacudir as penas e partir para a luta, senão morro de sede e de fome, isso se não me tomarem o galho, como aquela asa sebosa queria fazer. Você viu, não viu? Aliás, testemunharia em meu favor se o caso fosse levado ao Macho Alfa?

— Macho o quê?

— Esqueça. O negócio é o seguinte: testemunharia, ou preciso implorar?

— Claro, claro que sim.

— Então, estamos conversados. Se precisar, venho procurá-lo. Avento!

— O quê?!

E ele, já tomando distância:

— É como dizemos adeus, bocó!

Passei o restante da tarde preocupado. Será que estava ficando igual ao meu irmão e logo mais começaria a tomar comprimidos? Corri ao quarto do meu pai, devolvi o livro ao esconderijo, tomei banho mais cedo do que de costume e resisti com bravura às investidas do pessoal da casa para descobrir o que havia acontecido ou estava para acontecer de tão grave diante de tanta quietude.

Até que veio a noite, sobreveio a madrugada, chegou a manhãzinha e soaram seis bicadas na janela.

— Ei! Psiu! Acorde! Ei! Você! Menino!

Mal abri os olhos, ouvi uma reprimenda.
— Vocês não têm jeito. Já estou voando e cantando há mais de hora e meia. Venha cá, abra essa janela.

Levantei estremunhado, caminhei aos tropeços e puxei o ferrolho.
— Que é?
— Escute uma coisa, andei pensando se você por acaso conhece algum meio de entrar em contato com o passarinho do livro.
— Não.
— Como eu sou otimista! É lógico que você não saberia, porque você não tem nenhuma resposta para as minhas perguntas.

A anestesia do sono me impediu de controlar o impulso que deu um salto de dentro da minha cabeça, comandou o braço e bateu a janela contra o bico do pardal, que foi arremessado para longe. Então, ouvi uns passos vindos do corredor, passei o ferrolho e corri para a cama. Alguém abriu a porta, espiou o quarto e voltou a fechá-la. Fiquei matutando no que poderia dizer ao pardal para melhorar minha reputação, até que ele voltou à carga:
— Ei! Psiu! Volte aqui!

Um corpo cheio de penas desceu sobre minha testa, mal abri a janela, e a fez latejar.
— Por que isso?!
— Agora estamos quites. Pode falar.
— Depois dessa, não deveria, mas vou lhe dizer uma coisa, porque sou um menino bem-comportado e de bom coração. Eu sei onde trabalha a mulher que me deu o livro. Talvez ela
— Finalmente! É aqui perto?

Expliquei ao pardal onde ficava a escola dos infernos e passei o que mais ele exigiu em detalhes e inutilidades sobre a senhora de cabelos arroxeados, óculos grossos e voz estridente e as atividades enfadonhas que ela me obrigava a fazer quando eu frequentava suas aulas. Ele disse que tudo aquilo talvez fosse um bom preço a pagar pelo passaporte para a vida de rei, despediu-se e sumiu no ar.

Esperei por ele um, dois, três, quatro, cinco, seis dias. No sétimo, cansei e me dei conta de que, impaciente como era, o pardal já deveria ter viajado em direção à terra do outro passarinho, sem nenhum sentimento de gratidão. Lamentei não ter tido a oportunidade de sequer perguntar o seu nome, mas me lembrei da lição de vovó Manoela sobre a manteiga e a margarina e deixei tudo aquilo de lado.

Algumas semanas depois, topei com a senhora de cabelos arroxeados, óculos fundos e voz estridente. Primeiro, quis me esconder com receio do sermão que ela daria por eu ter sumido das aulas. Depois, quis correr ao seu encontro para ver se ela me daria notícia do pardal. Terminei concluindo que ela era tão velhinha que talvez nem me reconhecesse mais. Tomei coragem e a abordei.

— Dona Clotilde, como vai?

Ela olhou para mim assustada, como quem não me reconhecesse.

— A senhora recebeu a visita de algum pardal por esses dias?

Então ela riscou as narinas no ar, acendeu o pavio dos olhos e disparou balinhas de chumbo da língua.

— Mas então foi você, seu moleque?! Eu sabia que isso era coisa de menino malcriado! Ah se eu descubro quem é sua mãe! E o seu pai, quem é?! Você era da turma do sábado ou do domingo?! Pois fique você sabendo que aquele bicho me incomodou demais! Seguiu meus passos até lá em casa, quebrou os vidros das janelas de tanto bater neles, derrubou os livros das minhas estantes e chegou até a me dar umas bicadas das boas! Aliás, boas que nada! Olhe aqui! Está vendo as marcas?! Ah, mas eu lhe dei um castigo muito do bem dado! Sabe o que eu fiz, sabe? Armei uma cilada. Isso mesmo. Prendi o atrevido na gaiola, colori as asas dele e o vendi na feira como um pássaro exótico! Agora, seu atrevido, é sua vez de aprender a

Corri. Corri o quanto e aonde pude, até que parei e chorei. Chorei de remorso, pensando em como havia contribuído para o pardal terminar enjaulado, quando só queria melhorar de vida. Quis descobrir para onde havia sido levado, encontrar uma forma de libertá-lo e fazê-lo ir ao encontro do passarinho do Sul. Mas me lembrei do meu pobre irmãozinho, de como essa história causaria pânico em casa, e silenciei.

O fato é que sempre pensei no pardal, nas grosserias que deve ter trinado contra mim, nas lamentações que deve ter gorjeado por seu exílio, no último pio que a essa altura dos anos já deve ter dado. E porque ontem voltei à casa do meu pai para organizar suas coisas trinta dias depois da sua morte e encontrei no maleiro o livro do passarinho boa-vida, decidi contar essa história para exorcizá-la de mim.

A Revolução de 89

JP: Então, foi aí que vocês se conheceram?

PJ: Sim, aí mesmo. A escola era pequena. Só tinha uma sala e uma professora pra cada série. Além disso, diretora e secretária, mais nada. O primário funcionava pela manhã, o jardim de infância à tarde. A gente foi contemporâneo até a quarta série dele, quando eu ainda estava na terceira. Daí em diante, ele continuou os estudos em Campina Grande e por lá mesmo se formou, porque o pai era juiz de comarca e demorou muito pra chegar à Capital, mas eu já vim direto pra João Pessoa, porque meu pai era prefeito no interior e estava se articulando pra sair candidato a Estadual no ano seguinte. Então, não vivemos juntos a fase da política estudantil e só voltamos a nos confrontar nessa campanha de agora pra Mesa Diretora.

JP: E como foi esse primeiro confronto ainda na escola?

PJ: Ah, tudo começou na virada da primeira pra segunda série, segunda pra terceira no caso dele. Naquele tempo, o vocabulário militar ainda estava fresquinho na ponta da língua. Todo mundo queria ser general e nenhum de nós era diferente de todo mundo. Então, no começo daquele ano, Enéias me chamou e disse que tal se a gente organizasse um Exército aqui na escola? Eu fiquei logo animado, achei aquilo o máximo. Zás, zás, zás! E ele propôs uma quartelada entre os alunos. Dando certo, ele ficaria sendo o general e eu o coronel da escola. No ano seguinte, ele iria embora pra Campina com o pai, e eu assumiria o posto de general. Era esse o acordo.

JP: Deu certo?

PJ: Nem tanto. A quartelada deu certo, mas não o esquema sucessório. Veja bem. No ano seguinte, o pai dele não foi transferido pra Campina coisa nenhuma, e ele veio pra cima de mim com o papo de que minha promoção só valeria se a remoção dele tivesse se efetivado, daí porque ele ia permanecer general por mais um ano. Então, eu aprendi logo cedo na vida que, se você vai se deixar pescar por alguma rede de apanhar tilápia, tem que vir com o arpão de caçar baleia muito do bem armado na cintura.

JP: E como foi a reação dos colegas e da direção a esse, digamos assim, estado militar?

PJ: No começo, ninguém deu cotação. Falávamos para nós mesmos. Mas aí aconteceu um incidente na altura do segundo bimestre que mudou a disposição dos colegas. Igor, um brutamontes da terceira série, deu uma surra em Edson, que era um garotinho franzino, da turma dos cê-dê-efes, completamente inofensivo. Coisa de menino. Acontece que Igor exercia algum tipo de liderança na escola, porque era forte, bem-apessoado, carismático, mas esse episódio o deixou muito mal visto, e aí Enéias explorou a situação. Dois dias depois do ocorrido, ele apareceu na escola com um jornalzinho caseiro, que eu até ajudei a datilografar e mimeografar, denunciando a anarquia e propagandeando a necessidade de uma solução imediata e rigorosa para o caos. Nós passamos a fazer uma edição semanal do jornalzinho. Depois de duas ou três edições, eu tive uma ideia que Enéias acatou. Chamamos Edson pra compor uma junta, um triunvirato na condição de tenente-coronel. Edson aceitou. Tudo combinado, lançamos a quarta edição do jornal, com a manchete proclamando, você disse bem, o estado militar. O pai dele ajudou a bolar tudo lá no Fórum. Isso foi na hora do recreio, todo mundo reunido no pátio, Enéias fazendo um discurso inflamado do alto de um tamborete, e a galera inteira indo ao delírio.

JP: E a direção simplesmente deixou acontecer ou tomou alguma providência?

PJ: Aí é que está. No dia seguinte, a diretora chamou a gente. Ela queria permitir, mas tinha que primeiro fazer cena, afirmar a própria autoridade. Vocês aqui são os discípulos, não são os mestres, mas uma liderança que inspire valores nobres e colabore pra manter a disciplina até que cai bem se, e apenas se, me ajudar a manter a ordem. Essas foram as palavras dela, sem tirar nem pôr. E ficou por isso mesmo. Alguns pais ainda protestaram, vieram com aquela conversa de que a escola não podia permitir uma manifestação de militarismo entre crianças quando o país estava justamente começando a se livrar daquele fardo e coisa e tal. Mas foi tudo protesto vão. E nós três passamos a compor o Alto Comando Militar do pedaço. O resto do ano transcorreu na mais absoluta paz e só na virada do ano é que o arranjo se desfez.

JP: Porque Enéias não deixou a escola e, naturalmente, quis continuar no comando.

PJ: Exatamente. Agora, veja bem, uma das maiores virtudes do líder é saber tratar bem os seus subordinados. Mas Enéias não tinha, como ainda não tem, essa virtude. E isso é notório. Ele dava cada esporro em mim. No coitado do Edson, então, nem se fala. Eu era mais frio e sabia me impor sem perder a compostura, mas Edson era uma moça e, como não conseguia reagir, ficava se contorcendo por dentro, moendo e remoendo o ressentimento. Pois bem. Quando o ano estava acabando, já na última semana de aula, Enéias veio a mim dizendo que o pai não seria mais promovido, a família ficaria na cidade, e ele seria general por mais um ano. Já veio com tudo resolvido, sem a menor discussão. Eu quis contestar, mas ele disse que aquilo era insubordinação e, se eu continuasse, seria rebaixado de patente. Fiquei na minha, preferi contar com o tempo. Vieram as férias. Enéias viajou com os pais pro Rio e de lá seguiram pra Europa. Eu fui pra casa de praia dos meus avós em Cabedelo. Edson também foi pra lá, porque tinha uns parentes que sempre acolhiam a família dele nas férias. Em Camboinha, a gente se encontrava todos os dias pra jogar bola, tomar sorvete, entrar no mar. Uma bela tarde, ele perguntou se eu não achava Enéias um ingrato. Fiquei na minha. Só é general por causa do que aconteceu comigo e graças à sua ajuda, mas trata a gente como quem chuta cachorro morto. Eu não disse uma única palavra. No outro dia, ele deu mais um passo. Que tal um golpe pra depor Enéias? Mais um dia e lá veio Edson – logo quem! – com um grupo de outros seis colegas, todos veraneando em Camboinha, pra dizer que apoiavam o golpe. Você consegue conceber um bando de meninos conspirando como se fossem senadores da Roma Antiga? Era demais aquilo.

JP: Realmente, eram muito precoces.

PJ: Sim, mas veja bem, a meninada era diferente naquele tempo. Não era essa coisa tão infantilizada e protegida de hoje.

JP: Mas então vocês levavam mesmo a sério essa história das patentes. Afinal de contas, o que significava ser general, coronel e tenente da escola?

PJ: Olhe, a rigor, a gente não fazia nada, porque a escola era tão pequena que não havia o que fazer, quem representar. Mas levávamos tudo muito a sério sim. O importante é que os alunos passaram a achar aquilo excitante, e a diretora viu nisso uma maneira útil de inspirar sentimentos de hierarquia e disciplina na meninada. Aliás, havia sim alguma coisa, a gente ainda organizou essas paradas cívicas em datas magnas, coisa pequena, no âmbito da escola mesmo. Sem falar que o jornal continuou sendo editado. Mas, no fundo, a junta era tão-somente uma invencionice de menino.

JP: E o golpe, vingou?

PJ: Ah! Aqui chegamos ao cerne da questão. Não vingou. E vingou. Os deuses da política escrevem por linhas dupla, às vezes triplamente tortas. Faltando uma semana para o retorno às aulas, Enéias voltou e foi nos procurar ainda em Cabedelo. Mas a turma havia combinado de não dar trela a ele. Então, Edson não atendeu telefone nem o recebeu em casa. Enquanto isso, e eu nem sabia do detalhe, a turma de apoiadores preparava um novo jornal, denunciando o descaso do general com a escola e propondo a deposição dele. No primeiro dia de aula, à medida que os alunos iam chegando, recebiam de Edson um exemplar do jornal. O tom das acusações era suficientemente vago pra ser impactante. Quando Enéias chegou, o burburinho já tinha tomado conta do pedaço e havia até gente atirando na cara dele os insultos que tinha acabado de ler. Foi uma loucura, um tumulto muito maior que o planejado porque, quando Edson viu que de repente a escola tinha aderido em peso à campanha, subiu num caixote e começou a discursar. E todo mundo ficou espantado, porque Edson era aquela mosca morta de quem jamais se poderia esperar alguma liderança, ainda mais inflamada, revolucionária. Mas a ocasião faz o ladrão, não é mesmo?

JP: Suponho que Enéias tenha agido imediatamente pra controlar a situação.

PJ: Claro. Aquilo ali é uma raposa nata, já trouxe o *métier* no sangue. Família abastada, de juristas, políticos, proprietários rurais. Tão logo percebeu que estava perdendo o controle da situação, ele correu pra junto de Edson, subiu no mesmo tamborete, quase derrubando o coitado, e começou a falar, a bradar isso e aquilo, tentando desmoralizar Edson, e a confusão foi aumentando. Eu corri à direção e pedi socorro. A diretora veio, desarmou o circo e mandou todo mundo pra sala de aula. Quando Enéias veio tomar satisfação comigo na hora do recreio, eu disse que não tinha nada a ver com aquilo e havia até aconselhado Edson a não alimentar o ressentimento de que vinha me falando, mas ele não me deu trela.

JP: Mas o senhor estava em Camboinha, participou das reuniões conspiratórias, não?

PJ: Estava lá e fui envolvido, mas não apoiei o golpe, porque aquilo era uma traição. Agora, é verdade que não me opus abertamente e aí você pode até dizer que fui oportunista, mas o que eu já tinha naquela época era o senso de responsabilidade. Porque, veja bem, qualquer cientista político é capaz de explicar melhor do que eu. Em qualquer processo de mudança traumática, como nas revoluções, é preciso que alguém se preserve nos bastidores e não se comprometa com nenhum dos lados em conflito, justamente pra assumir o controle da situação quando necessário e fazer as coisas voltarem a funcionar. Enéias aceitou essa explicação como prova de minha inocência, mas não aceitou falar com Edson e impôs a destituição dele como condição para nós dois continuarmos juntos. Eu me vi obrigado a escolher entre a cruz e a espada e terminei optando por assegurar o que já era certo. Foi um erro fatal.

JP: Por quê?

PJ: Apareceu o quarto elemento, que na verdade era o antigo elemento. Lembra-se de Igor, o brutamontes carismático e bem-apessoado? Pois bem. Enquanto eu recuava, ele avançava. No terceiro dia de aula, ele apareceu com um novo jornal. Não sei onde ele foi arranjar inspiração e vocabulário pra fazer aquilo, porque ele tinha em miolo vazio o que lhe sobrava em gordura. Aliás, sei sim. Veja só. O jornal era um libelo contra o regime militar e a favor da democracia. Quem de nós votou em Enéias pra general?! Quem de nós quer ser governado por um coronel que não sabe se vai ou se fica?! Abaixo a ditadura! Nós queremos democracia! Aquilo voltou a inflamar a escola inteira. Na hora do recreio, Enéias tentou a última cartada e voltou a subir no tamborete. Mal começou a falar, alguém atirou lá dos fundos uma pedra no rosto dele. Eu só vi aquele jato de sangue jorrando da testa do coitado. Aí me bateu um sentimento de pena, de solidariedade, e eu corri pra ajudá-lo. Terminei levando também uma pedrada na cabeça. Resultado: fomos parar os dois no hospital e não vimos o desfecho da revolução.

JP: Com Igor no poder, naturalmente.

PJ: Naturalmente. A diretora propôs que os alunos organizassem uma eleição para prefeito da escola. Todos toparam e assim foi feito no dia seguinte, enquanto Enéias e eu estávamos em casa com as cabeças costuradas. Diga quem foi eleito prefeito. Edson, com Igor de vice. Depois eu descobri que foi ele quem redigiu o jornal e estimulou Igor a entrar na jogada. No fim, os dois se apresentaram juntos como símbolo da restauração da paz e levaram a fatura.

Agora veja você, uma raposa a criança. Caladinho, sonso, terminou entrando em todas. A última notícia que tive dele é que se meteu com tráfico de drogas ali na região de Serra Talhada. Uma pena. Mais um desses talentos perdidos que a gente vê por aí.

JP: E como terminou a história para vocês dois, o senhor e Enéias?

PJ: Bom, eu voltei às aulas depois de dez dias, mas Enéias não. O pai dele ficou muito ofendido com a situação toda e decidiu mandá-lo logo pra Campina. Ele nem chegou a botar os pés na escola novamente. Foi lá em casa, na semana da mudança, pra se despedir de mim. Disse que perdoava a todos, me deu um abraço e falou que era hora de crescer, Júnior, pra cuidar de coisas mais importantes. Ele deve ter sido obrigado pelo pai a dizer aquilo, só pode. E foi embora. Só voltamos a nos ver quinze anos depois, já aqui em João Pessoa.

JP: Deputado, muito obrigada pela entrevista e boa eleição.

PJ: Vamos à vitória.

A loteria de Cartésio

Foi há três dias, na casa de tia Lourdinha. Festa de aniversário de tio Nestor. Parceiros dele no terraço, amigas dela na sala de estar, a turma de Nestorzinho & Marcela na área da piscina. Todos equilibrando taças e petiscos e discutindo quem fundou a corrupção no país, onde se come bem de Manaíra ao Altiplano ou quando sairá a próxima geração do iPhone. Cheguei, apresentei as desculpas de painho e Ceiça a titio, cumprimentei meia dúzia de convidados e fiquei fazendo o travelling habitual pelas rodinhas de papo regado a cacoetes forenses até que, cruzando a sala de tevê, topei com três peças novas no set. Sangue fresco. Como não tinha o que fazer além de bater ponto e cumprir tabela na segunda das três noites terríveis do ano, sentei sem ser notado na espreguiçadeira que dá pro jardim e espetei três vezes o celular, fingindo usar o aparelho enquanto, de fato, gravava a conversa:

PEÇA NOVA 1   De forma alguma.

PEÇA NOVA 2   E por que não?

PEÇA NOVA 1   Porque não quero, cacete!

PEÇA NOVA 2   Tudo bem, não precisa se alterar. Mas, voltando ao assunto, eu digo e repito, tudo começou, pra valer mesmo, foi com o tear mecânico.

PEÇA NOVA 1   Que tear o quê, Mundico! A revolução vinha de muito antes, da luneta de Galileu. Foi com ela que ele deu as coordenadas do processo todo. Aliás, isso aí foi apenas a retomada da coisa.

PEÇA NOVA 2 — Não sei se foi pra tanto, Fred.

PEÇA NOVA 1 — Como não?! O processo é que foi interrompido. Olhe, repare bem, anteontem eu vi no History Channel que os romanos já vinham farejando a eletricidade quando o Império ruiu. Agora imagine se não fosse pela Idade Média. Isso tudo que nós temos hoje em dia teria sido descoberto muito mais cedo.

PEÇA NOVA 2 — Sim, tudo bem, mas o que nós estamos discutindo aqui

PEÇA NOVA 3 — é o sexo dos anjos, o que vocês estão discutindo não passa disso.

PEÇA NOVA 1 — Ainda bem que não é o seu. Ou já está pensando em mudar? Rá-rá-rá!

PEÇA NOVA 3 — Vocês não vão perder nunca essa mania de voltar a Hamurabi pra falar do código de 16?

PEÇA NOVA 1 — Ninguém aqui estava falando de Hamurabi, muito menos do código de 16, seu merda!

PEÇA NOVA 2 — Calma, Fred, calma. Você sabe que Chico Maria gosta de provocar.

PEÇA NOVA 3 — Não é provocação, Mundico, é choque de realidade. Vocês dois ficam aí discutindo quem inventou o que antes da roda, mas não se dão conta das mudanças que acontecem aqui e agora, debaixo das togas de vos-sas ex-ce-lên-cias.

PEÇA NOVA 1   Como não me dou conta?!

PEÇA NOVA 3   Vamos lá. Bisturi ultrassônico, o que é?

PEÇA NOVA 1   Isso não vem ao caso.

PEÇA NOVA 3   Dinheiro quântico, já ouviu falar?

PEÇA NOVA 1   Idiota!

PEÇA NOVA 3   Já pensou em orientação LBS?

PEÇA NOVA 1   Não me meto com essa gentalha. L-B-S?! Ouviu isso, Mundico? Sei não, sei não. Será que esse aí anda se bandeando pro outro time?

PEÇA NOVA 2   Chico, Fred, parem com isso, pelo amor de Deus.

PEÇA NOVA 3   Mundico, vocês mal sabem usar um smartphone, precisam de ajuda dos assessores pra fazer uma simples votação eletrônica, que é coisa de dois ou três cliques, e ficam aí discutindo novidades pra lá de obsoletas.

Chico Maria se levantou de supetão e saiu da sala. Fred e Mundico ficaram ali, remoendo as estocadas do outro em seus respectivos brios, num decrescendo de vozes de que pouco ou nada pude captar. Ia desistindo do trio quando Chico Maria voltou com uma bandeja de salgados na mão, metade de um pastel na boca e o fio da conversa na ponta da língua.

CHICO MARIA   Já partiram as caravelas?

FRED   Para além do Bojador.

CHICO MARIA   E eu perdi a dor? Que deprimente!

FRED   Pois eu tenho uma pra lhe contar.

MUNDICO   Diga quem Fred encontrou dia desses na cidade.

CHICO MARIA   Espere, não me diga nada, deixe adivinhar quantos séculos tem o cadáver. Talvez... não, esse não... pode ser que seja... ou então... ah, já sei...

FRED   Cartésio.

CHICO MARIA   Renato Cartésio?!

MUNDICO   Calma, Chico, não vá se engasgar com um pastel de açúcar. Sente aí e escute.

FRED   E vou lhe dizer mais, não precisei de smartphone nenhum pra encontrá-lo. Foi ele quem me achou. E só precisou sabe de quê? De um bom e velho catálogo telefônico.

CHICO MARIA   E isso ainda existe?! Bom, em se tratando de vocês, não duvido de velharia alguma. Mas diga lá, de que brenhas ele reapareceu?

FRED   De um verdadeiro périplo, meu amigo.

MUNDICO   Cartésio acertou na loteria.

FRED   Literalmente.

CHICO MARIA   Vocês estão sentindo uma catinga de lorota na sala?

FRED   Quer ouvir a história ou não?

CHICO MARIA Prossiga.

Assim, enquanto Mundico calou, e Chico Maria afundou no sofá, seguiu-se o relato da loteria de Cartésio segundo Fred:

FRED Foi há coisa de uns quarenta dias. Eu estava com os netinhos em casa quando o telefone tocou. Frederico, o Mínimo? – aquela voz metálica. Ele me disse que estava de passagem pela cidade, tinha boas recordações e gostaria de me rever. Propus um almoço lá em casa no domingo, poderia até chamar vocês dois, mas ele insistiu no sábado com ou sem falta, porque partiria logo cedo no dia seguinte. Tudo bem. Marcamos um café às quatro da tarde no São Braz. Cheguei às quatro em ponto, ele já estava à minha espera. O mesmo rosto ossudo, a mesma voz de trompete, os mesmos gracejos impertinentes. O tempo só adicionou umas rugas e subtraiu quase todo o cabelo. Perguntou por todos da turma. Irreverente, provocador, debochado. E não é Chico o desembargador? Aí ele começou a falar de si mesmo, do que fez ou deixou de fazer, de como sumiu e por que não mandou mais notícia. Um Narciso, como sempre. Sabe o que aconteceu naquelas férias de 71? Cartésio tinha voltado pra casa e lá estava quando o pai sofreu um infarto fulminante. Foi uma comoção sem tamanho na família. E o que é pior, uns agiotas visitaram a casa logo depois do enterro, e a família descobriu que o saldo do velho era uma bodega falida. Imaginem o baque. Cartésio, coitado, era o mais velho e se viu obrigado a ficar em Feira de Santana cuidando da mãe e dos irmãos. E assim permaneceu pelos três anos seguintes. Conseguiu reerguer o negócio do pai, mas vivendo sempre ali, no aperto, e desejando a oportunidade de se livrar daquela crueldade do destino pra ter a vida com que ele, a gente sonhava. Até que um belo dia ele recebeu um telefonema de Salvador. Era o padrinho, que estava se ultimando e queria vê-lo com a máxima urgência. Vocês se lembram desse padrinho? Um general reformado, sem filhos, que havia inclusive sugerido o nome de Renato ao compadre. A Matemática é a mãe de todas as ciências. Ele até empolava a voz pra imitar o homem. Pois bem. Cartésio tocou imediatamente pra capital e lá não teve que fazer muita cerimônia, porque o padrinho morreu coisa de uns três, quatro dias depois. Antes, porém, entregou ao afilhado um caderno meio gasto, onde havia escrito o esboço de uma espécie de método graças ao qual, palavra dele, havia conquistado tudo o que desejou ao longo da vida. Enfim, um manual da vida boa. Todas as pessoas são dotadas igualmente de razão e podem obter bons resultados de seus propósitos se, e somente se, evitarem pensamentos ou ações precipitadas e afirmarem ou fizerem com absoluta convicção apenas aquilo que se mostre nitidamente verdadeiro. Essa era a filosofia do caderninho. Cartésio contou que o caderno se perdia em muitas divagações incompreensíveis, anacrônicas até, mas a certa altura, ele encontrou uma espécie de passo a passo da loteria. Isso porque o padrinho entendia que a vida boa dependia de uma boa poupança rendendo juros fartos. A coisa era simples, apesar de parecer complicada. Mais ou menos o seguinte. Para todas as pessoas, a probabilidade de acerto é igualmente difícil, mas em algum momento alguém necessariamente tira a sorte grande. Logo, tudo o que se tem a fazer é evitar precipitações, visualizar com nitidez cada um dos números em que apostar e marcá-los com absoluta certeza de que eles serão sorteados. Foi o que ele fez. Primeiro, fixou na mente o princípio do padrinho de evitar juízos precitados e afirmar com absoluta certeza apenas o que se mostre claro. Sim, quase esqueço, havia três preceitos complementares: decompor qualquer problema em partes mínimas, ordenar o pensamento a partir das questões mais simples em direção às mais complexas e revisar o procedimento a cada passo. Cartésio não se precipitou, mas não perdeu tempo. Concluiu que, sendo seis os números nos quais apostaria, seis eram as partes nas quais deveria decompor o problema. Depois percebeu que, a cada número que escolhesse, haveria uma possibilidade de escolha a menos na etapa seguinte. Quase pôs tudo a perder, pensando que seria mais simples começar pelo último número, para o qual ele teria cinquenta e cinco alternativas, do que pelo primeiro, para o qual havia sessenta. Mas reviu o pensamento e notou o erro. Pra começar pelo último, ele teria que conceber uma fórmula que pressupusesse os outros cinco, o que o levaria a ter que optar pelos seis de uma só vez e seria contrário ao primeiro preceito. Confuso, não? Parece difícil, mas não é. Bom, o importante é que, problema decomposto, pensamento ordenado, revisão feita, Cartésio se concentrou no papel em branco com o lápis na mão, pensou nitidamente em cada um dos sessenta números possíveis e vislumbrou cada um dos seis em que deveria apostar, algarismo por algarismo: 05, 15, 34, 41, 52, 57. Marcou a cartela com absoluta convicção de que seriam aqueles os números sorteados, pagou pra ver e venceu.

CHICO MARIA   E você quer que eu acredite nessa história evidentemente falsa de tão bem amarrada e contada?

FRED   Na sua crença, manda você. De minha parte, só dou testemunho do que vi e ouvi. E o que vi e ouvi foi o que acabei de contar.

CHICO MARIA   Ok, vamos admitir que Cartésio tivesse realmente procurado você e passado o relatório completo dos últimos quarenta anos. Vamos admitir que a história toda fosse exatamente essa que você decorou. Ainda assim, eu pergunto, vocês realmente acreditariam numa sandice dessas?

FRED   Não vejo motivo algum pra não acreditar.

MUNDICO   Nem eu.

CHICO MARIA   Nesse caso, vocês continuam sendo os mesmos tolos às custas de quem ele se divertia. Mas então, diga lá, que fim levou o prêmio na história?

FRED   Ele viajou, frequentou lugares de alta cultura, estabeleceu contatos e decidiu se tornar um escritor. Instalou-se na Suécia, onde planejava escrever a grande e tão sonhada obra e ganhar o Nobel.

CHICO MARIA   E pelo menos escreveu alguma coisa que preste além de bilhetes de loteria?

FRED   Isso eu não sei. O fato é que o dinheiro terminou acabando, e ele se viu obrigado a voltar ao Brasil com uma mão na frente e outra atrás. Então, lembrou-se do padrinho. Estude Matemática, a mãe de todas as ciências. Foi justamente o que ele fez. Prestou vestibular, bacharelou-se e

CHICO MARIA   o que faz hoje da vida?

FRED   É professor de matemática na Bahia.

CHICO MARIA   Não voltou a acertar na loteria?

FRED   Não sei. Parece que não.

CHICO MARIA   Mas estava em apuros e se lembrou de um velho colega de faculdade em quem pudesse facilmente passar o conto do vigário.

FRED   Idiota!

CHICO MARIA   Bocó.

Fred quase partiu pra cima do outro, mas não teve tempo de deflagrar a guerra. Tia Lourdinha entrou na sala e os convocou pro jantar. Chico Maria lhe estendeu o braço e saiu pela tangente, Mundico saiu depois de dar duas tapinhas no ombro de Fred, que andou em círculos, balançou a cabeça, chutou a poeira, esmurrou o ar, entornou o copo de uísque goela abaixo e foi ao encontro dos demais. Eu jantei, cantei os parabéns e saí de fininho. Ontem, fui fazer a fezinha da semana na lotérica do Hiper. Não creio em bruxas, mas sou um homem ponderado. Estava lá, tentando em vão visualizar com clareza os seis números, quando senti um rosto que não me pareceu estranho se aproximar, parar no guichê ao lado, puxar um bilhete, espremer os olhos e respirar fundo. Era Chico Maria. Acompanhei discretamente a performance, espiei os números que ele marcou com determinação e, por via das inconsequências, borrei os mesmos retângulos na minha cartela.

O caso de Zé William

No meu tempo de faculdade, conheci um desses prediozinhos fubentos que comerciantes e profissionais liberais constroem no centro da cidade de olho na aposentadoria. Três ou quatro andares residenciais sobre o pavimento comercial, corredores com aparência de delegacia e uma combinação de maconha, mofo e mijo escorrendo por baixo das portas. O que conheci ficava na volta de Zé Leal, a meio caminho entre a universidade e a feira. Lá estive numa dessas noites de verão em que o vento se recusa a fazer negócio com o quarto e um amigo em apuros liga justo na melhor hora do sono.

A voz vinha do orelhão na esquina de onde Zé William, um cearense que exalava testosterona por todos os poros, esperava que eu fosse resgatá-lo de uma encrenca. Saltei da cama num piscar de olhos e encontrei Zé William na calçada do prédio fazendo o esforço ridículo de se esconder por trás de uma caçamba de tralha. Quando desci do carro, ele agarrou no meu pescoço aos prantos. O que é que você foi aprontar, homem de Deus? Ele me fitou com os olhos trocados e soluçou que não tinha culpa. Culpa de que, Zé? Meu negócio é fazer conta, não tenho estômago pro crime não.

— Crime o que, macho?! Uma fatalidade, porra! Entrei de graça na história, caralho!

Segurei Zé William pelo cotovelo e o acompanhei em direção à entrada. Subimos três ou quatro lances de escada e emburacamos por um corredorzinho asfixiante até escapar por uma porta aberta em coisa de uns trinta graus. Ele me apontou o cômodo contíguo à sala e mandou entrar lá. Dei com um corpo estirado na cama e coberto por um lençol que deixava entrever apenas a sola de um pé. Fiquei paralisado pela visão até que uma catinga de fezes me despertou. Ninguém dá descarga nessa espelunca, Zé? Vê se me arranja desinfetante aí, vai. Mas ele mal dava conta de si de tão aturdido e me deixou cuidar sozinho do vaso sanitário.

Quando finalmente o lugar arejou, sentei Zé William no sofá e o fiz beber um copo de água com açúcar. Pronto, agora me conte aí o que aconteceu. Ele ainda soluçou e me abraçou, pediu perdão e se declarou em dívida eterna antes de se acalmar, tomar fôlego e abrir o bico. Carlos, tu tá acostumado a me ver de um jeito, e eu tenho que admitir que o Zé que tu tá vendo aqui hoje à noite é outro, mas aquele da luz do dia, da faculdade, do estágio lá na construtora não é uma fraude não, macho, ele existe igual a esse aqui que tu tá vendo, de verdade, juro por tudo o que há de mais sagrado nesse mundo. Aí eu comecei a ficar impaciente.

— Tudo bem, Zé, mas pode saltar logo essa introdução, que de moralista eu não tenho nada, você sabe.

Ele então se sentou aos meus pés e confidenciou uma história que na época pareceu maluca, mas hoje talvez até soe normal. Quando ele era menino, ia à missa com a mãe numa capelinha lá pras bandas do Crato. A mãe era muito católica e não fazia segredo nenhum de que o maior sonho na vida era ver o filho padre. Pensando nisso, arranjou com os frades uma vaga de coroinha para o menino e passou a comentar que a batina lhe caía bem. No começo, Zé William cumpriu a obrigação como quem faz as tarefas de casa, doido pra se ver logo livre daquilo, mas depois foi se encantando com a dedicação do frade a quem ajudava nas missas. O zelo, a convicção, o sentimento profundo de piedade daquele homem acenderam no peito do jovenzinho uma ideia que a mãe, ao soprar, não fazia mais que apagar.

Ele passou então a frequentar a capela todos os dias, ou até mais de uma vez por dia, assumindo obrigações crescentes, de coroinha a leitor, de leitor a sacristão. O menino já ia dando ao homem o caminho a trilhar quando um imprevisto lhe jogou água fria. O capelão foi transferido e mandaram para substituí-lo um sujeito que tinha pouco de frade, menos ainda de santo. Zé William contou que, um belo dia, estava entalado nas vestes da missa quando o novo capelão, com a desculpa de ajudá-lo a se desvencilhar do paramento, roçou a mão no pinto dele. A princípio, aquilo pareceu apenas um acidente, mas episódios semelhantes foram se repetindo e o frade foi ficando cada vez mais atrevido, até que um dia ultrapassou todos os limites e tentou beijar o menino. Zé William correu pra casa e se trancou no quarto, só saindo de lá quando a mãe fez vir um vizinho pra derrubar a porta e exigiu do filho uma explicação. Se eu lhe contar, a senhora não vai acreditar em mim. Ela deu a palavra de que acreditaria nele, qualquer que fosse o absurdo. Ele contou, mas ela duvidou e atribuiu a invencionice a uma tentação do Diabo pra fazer o filho fugir da vida eclesiástica. E ficou por isso mesmo. O tempo passou, o frade foi transferido, e Zé William foi completar os estudos em Fortaleza. Levou algum tempo pra processar sozinho a história e chegou a achar que a tinha esquecido até o dia em que, já cursando Engenharia, um rapaz passou a mão nele durante uma calourada. Zé ficou perturbado, sentiu o fantasma do frade voltando e, sem nem entender por que, passou a frequentar as salas de bate-papo do UOL. Depois de muita conversa fiada, ele finalmente marcou o encontro daquela noite e foi bater naquele apartamento. Foi bem recebido, os dois começaram a bebericar e de repente foi beijado. Passaram então para o quarto, onde dúvida e desejo teriam bem ou mal se resolvido, não fosse a intervenção do destino. Zé ouviu um grito e, ato contínuo, o silêncio. Quando deu por si, estava atracado a um cadáver.

— Quer dizer então que...

— Mas tu me conhece já vai pra quatro anos, sabe que eu não sou desse meio, macho, muito menos assassino.

— Isso não vem ao caso, Zé. Se o que temos aí é um defunto, eu preciso pelo menos ligar pro Samu.

— Não, Carlos, não! Pelo amor de Deus, macho, eu te imploro por tudo o que há de mais sagrado no mundo, tem que ter outra solução!

Nisso, nós escutamos o ruído de um corpo se bulindo debaixo do lençol, seguido de um gemido que só podia ser de gente viva.

— Parece que tem mesmo, Zé.

— Mas, Carlos

— mande brasa.

Não esperei por outra palavra e dei no pé sem pestanejar. Inquieto, confuso, atacado pelo calor, pelas muriçocas, pelo sono interrompido, quase não consegui voltar a dormir. Quando o dia clareou, acordei num sobressalto, completamente banhado de suor. Na faculdade, encontrei o mesmo Zé falastrão de sempre. Se notei algum sinal de constrangimento em seu rosto ou tom de voz, isso rapidamente se dissipou. Não tocamos no assunto naquele dia e em dia algum. No ano seguinte, colamos grau e cada qual tomou seu rumo. Eu fiquei por aqui metido nos negócios da família, ele foi trabalhar com um tio em Recife, perdemos contato um com o outro. Semana passada, voltei a me lembrar de toda essa confusão quando recebi mensagem de um número adormecido. Era Zé William. Desculpava-se pelo contato tão brusco depois de tantos anos e me convidava para um café.

Marcamos o encontro. O cearense forte, bonitão e metido a brabo tinha ficado careca, levemente barrigudo e ainda mais afobado. Propunha sociedade. Tinha comprado uns terrenos em Bodocongó e descoberto que os lotes ao lado eram meus. Se juntássemos os quatro pedaços, poderíamos fazer algo grande, rentável. Quem sabe um prediozinho desses de estudante e funcionário de prefeitura. Eu argumentei que o edifício daria para o poente, seria ruim de vender pra fins residenciais, mas ele me rebateu dizendo que não seríamos nós os moradores e os outros que se danassem pra ganhar dinheiro e morar com mais conforto se assim desejassem. Fiquei de pensar no assunto, despedi-me de Zé William com alguma impaciência e, não sei ao certo por que motivo, bloqueei o número dele. Bani esse sujeitinho da minha agenda.

War

Por que estou aqui? Como é que eu vou saber por que danado vim bater aqui?! Pergunte a minha mulher, ora essa. Não foi ela quem o procurou e armou esse circo? Pois então. Agora estamos aqui olhando um para o outro parecendo dois abestalhados, mas não espere que eu trate você por doutor não, pode ir tirando o cavalinho da chuva, que eu devo ter quase a idade de ser seu avô. Onde já se viu?! Um homem como eu, a essa altura da vida, obrigado a ouvir as caraminholas que um moleque botou na cabeça só pra pendurar esse diplomazinho de sabichão na parede. Diploma não significa experiência, meu filho. O sujeito tem que ter é sabedoria, conhecimento dos fatos da vida, isso é o que importa. Quer ver uma coisa? Quantos cabras armados você já teve que enfrentar, arma na mão apontada pra você, quantos? Vai ficar calado, né? Tem vergonha da verdade, tem vergonha de admitir que é frouxo. Não diga nada mesmo não que eu adivinho. Vamos ver. Nunca saiu da barra da saia da mãezinha, conseguiu tudo o que tem com a ajuda do paizinho e a maior ousadia que fez na vida foi voltar pra casa embriagado às seis da manhã. Acertei? Faltou mencionar as farras com rapariga. Ou será que você já foi jogar no outro time, como parece que todo jovem anda fazendo hoje em dia? Aliás, todo jovem não, que os meus não se prestam a isso. Pelo menos disso você não tem cara, mas o ditado ainda vale, quem vê cara, não vê coração. Nem o cacete! Rá-rá-rá! Olhe, eu tiro o chapéu pra você, vou fazer essa concessão. Não fiz outra coisa desde que cheguei a não ser insultá-lo e você não dá o menor sinal de incômodo, não emite um gesto de indignação. Se fosse comigo, eu já tinha partido pra cima, ainda mais em se tratando de um estranho. Você é frio, rapaz, percebi de cara, teria dado um bom espião. Sabe que eu tentei? Ah, você ainda não sabe nada sobre mim, a não ser as merdas que minha mulher deve ter inventado pra convencê-lo a me receber. Pois então, eu lhe conto o que vale a pena ser dito. Já que não quer falar, fique aí ouvindo, só me faça o favor de desligar a porra desse aparelhozinho aí, que eu não autorizo ninguém a gravar o que digo não. Onde é que eu estava? Sim, a espionagem. Eu era do Exército, turma de 68. Quando saí de lá, quase entrei pra Polícia. Que loucura, não? Trocar o melhor pelo pior. Mas, enfim. Um ano na preparatória, quatro na academia. Foram os melhores da minha vida. Porque ali eu ainda estava na fase dos projetos, das ilusões não perdidas. Ali eu tinha a convicção de que ia botar pra quebrar em cima daquele bando de comunista safado, contribuir para a ordem e o progresso da Pátria. Nós tínhamos ideais, bons e elevados ideais. E tínhamos líderes! O general Médici, veja só que coisa, tinha sido o comandante da Academia logo antes do meu ingresso. Já pensou? Mas eu encontrei lá ninguém mais ninguém menos que o grande general Meira Mattos. Que inteligência! Mais capaz que ele, só o Golbery. Pena que eu não aproveitei como deveria. O negócio é que eu estava ansioso pra cair em campo, cumprir missões, caçar subversivos, e isso me deixava inquieto, desconcentrado. Já sei, você vai dizer que aí está o problema, vai querer que eu fale da minha infância, vai querer que eu me torne um baitola. Não, não. Na verdade, eu lhe digo que tudo não passava e não passa de uma questão de testosterona e serotonina. É biologia, meu jovem, a natureza em ação. Está em Nietzsche. Já leu? Mas, então, eu saí da academia, e me mandaram pro Amazonas. Não queria, sinceramente não queria. Mas havia toda aquela anarquia no Araguaia e eu terminei me consolando com a ideia de que me aproveitariam bem por lá. Aí é que esteve o problema, ou um deles. Não cacei comunista porra nenhuma. E a coisa só foi piorando, porque veio Geisel com aquela canalhice de abertura lenta e gradual. Ainda me segurei no Exército até o fim dos anos 70, mas aí veio a crise com o Frota e eu percebi que não dava mais pra mim. Quando assinaram a lei da anistia, pulei fora. Mas o que é mesmo que eu queira contar? Ah, a espionagem. Quando Geisel assumiu, eu percebi que o regime ia descarrilhar e decidi que era chegado o momento de acionar meus contatos, dar um jeitinho de me integrar a alguma coisa grande antes que não houvesse mais nada grande a que me juntar. Fiz algumas ligações, cobrei a conta de dois ou três favores e consegui a duras penas ser removido pra São Paulo. Pena que já tinha passado toda aquela confusão com o Herzog quando cheguei, pena maior que não me deixaram entrar em ação, e eu continuei aproveitado em funções de escritório, mas de vez em quando eu descia lá onde o caldeirão fervia e ficava por trás da porta ouvindo tudo. Puta merda! Nunca me deixaram participar daquela porra! Ainda tentei entrar no grupo de operações táticas, a turma que montava as ciladas pra atrair a peste até a ratoeira, mas fui recusado. Nunca entendi. Ou entendi. Questões políticas. Infelizmente, havia disso também no Exército. E assim eu nunca pude dar colaboração mais efetiva. Fiquei aqueles nove, dez anos como quem come papa, comendo pelas beiradas, por isso terminei caindo fora. Naquele tempo, as coisas eram mais fáceis, era falar com um amigo que falava com outro amigo que falava com quem assinava a portaria e pronto, a nomeação saía no diário. O problema é que, mais uma vez, as coisas não saíram como eu esperava, porque entre mim e o secretário era preciso ter mais que dois amigos. Resultado, nem Exército, nem Polícia. Sinceramente, nunca entendi por que me deixavam de fora de tudo a que me propunha, ou até compreendo agora que a maturidade me deu visão larga das coisas: eu despertava inveja por causa da minha bravura. Só pode. O fato é que eu havia cometido um erro, saí do Exército sem nada acertado com a Polícia. A gente se precipita demais na juventude em nome de um ideal. Tolice! Você mesmo deve ter ouvido papai e mamãe dizerem não faça esse curso, bebê, que isso traz muito problema e pouco dinheiro. Não ouviu não? Agora deve estar aí pensando se eu tivesse seguido o conselho de painho e mainha, estaria batendo o martelo na mesa de audiência e mandando esse velho imbecil calar essa boca maldita. Mas não, você quis perseguir o ideal, provar que estava acima das convenções. Então fique aí agora e me escute, seu bosta! Passei por maus bocados, comi o pão que o diabo amassou, me arrependi. Mas não havia o que fazer e eu não era, como ainda não sou e nunca serei, de choramingar. Fui à luta, meu jovem, como qualquer bravo soldado vai. Depois de uns bicos, terminei me empregando em uma empresa de segurança de valores. E o serviço que me deram, mais uma vez, era burocrático. Argumentei, mostrei meu currículo, mas eles insistiram que era precisamente o currículo que me recomendava para aquelas funções. Tinham razão, passei mais de uma década no Exército carimbando papel e ainda trazia a carta elogiosa de um general confirmando que era pra isso mesmo que eu servia. Mas, no fim das contas, foi bom. Ninguém trabalhava mais do que eu naquela empresa. Nem o dono tinha tanta dedicação. Fui ascendendo com o tempo e, quando dei por mim, era gerente do negócio.

Mas, ainda assim, faltava alguma coisa, sabe. Aí, veio a Constituição, logo em seguida as eleições, e nós perdemos definitivamente o controle da situação pra essa turma que está aí hoje dilapidando o patrimônio da nação. Perdi as poucas esperanças que sobravam, juntei minhas economias e voltei à terrinha pra abrir minha própria empresa. Mas segurança privada há vinte e tantos anos? Só havia trombadinha e ladrão de galinha nesse fim de mundo, o mercado ainda não era tão aquecido como hoje. Foi difícil vender o serviço, eu tive que me adaptar. Com os anos, formei uma pequena clientela e fui tocando o negócio. Minha mulher passou a cozinhar pra fora e os meninos foram crescendo, reduzindo a despesa, a situação foi se ajeitando e eu terminei de criar a família. Hoje, cada qual cuida da sua vida e eu já posso descansar. Mas você deve estar aí assustado, tentando imaginar se, como dono do negócio, eu finalmente realizei o que tanto queria. Fale, homem, desembuche. Admita pelo menos que está curioso. Bom, eu gostaria de dizer que sim, só que mais uma vez sou obrigado a responder que não. Ou quase isso. Um belo dia, quando o negócio já estava mais azeitado, cheguei à empresa no exato instante em que o alarme de uma ocorrência apitou. Mais de dez anos monitorando muros, janelas e portas e nunca tinha apanhado mais que gato vadio. Corri ao local e peguei o pivete pela gola. Não estava à procura de dinheiro o desinfeliz. Era uma indústria química, ele queria pó. Arrastei o moleque pra uma sala e prometi que lhe daria a lição que o pai tinha negligenciado. Minha vida profissional inteira passou pela cabeça naqueles cinco minutinhos de emoção, mas aí chegou o dono, colocou panos quentes e deu o assunto por encerrado. Filho da puta! Então, o que aconteceu? Deixei passar o resto de tempo que faltava e me aposentei.

Uns trocados no bolso, as migalhas da mulher, contando ainda um ou outro aluguelzinho que fui acumulando ao longo das vacas gordas e o dinheirinho da venda do negócio. Virei o quê? Um vovô de respeito. Frustrado, fracassado, mas de respeito. Pra não pirar, passei a ajudar meu filho nas representadas. Meio expediente no escritório, pra dar uns palpites, mas sem apitar em nada. Então, eu pensei que fosse sossegar. Que nada! Comecei foi a remoer o passado, lamentar o perdido e descer o chicote no coração. Passei a sentir umas inquietudes no corpo, uns apertos no peito e uma sensação de colapso a qualquer instante, o que me traz pra este lugar hoje, mas só por hoje e não mais que por trinta, quarenta minutos. Aliás, já devemos estar no fim, não? Tá tudo aí e eu não tenho mais nada pra acrescentar. Ou melhor, por que estou aqui? Era isso que você queria saber. Um jogo de tabuleiro, desses que o sujeito começa a jogar à força e só para na forca. Meu neto apareceu com essa novidade lá em casa faz uns meses e a gente começou a jogar, primeiro aos domingos, depois também aos sábados e, quando dei por mim, não queria mais parar. Por quê? Imagine você o Império Romano, aí está o mapa no tabuleiro, e se ponha no lugar de Cipião expandindo as fronteiras da República, conquistando Cartago e o mundo pra Roma. Você trucida as legiões inimigas sem direitos humanos no pé, desce o chicote nos subordinados sem justiça do trabalho pra martelar isso e aquilo, manda no pedaço mais do que marechal em campo de batalha e não aparece um jornalistazinho de merda pra vender manchete às custas do seu sangue. Pois bem, foi assim que passei a me sentir, Cipião em carne e osso. Depois disso, a inquietude, os apertos, tudo isso evaporou de tal forma que tomei gosto pela coisa toda e decidi levar a sério a brincadeira. Olhe, eu mesmo mandei fazer. Não me cai bem que é uma beleza?

— Vozinho, abriram a porta, é sua vez.

— É o quê? Ah, sim! Espere aí que já volto. Liquido esse cartaginês em dois tempos.

Triunfo

Pervertido! Ela vivia berrando contra ele. Umas aplaudiam, outros censuravam, e vice-versa. Na altura do terceiro ano, a orientadora alertou que tinha de ir além do insulto, transformar em teoria. Ela bateu continência e tomou algumas decisões. Leitura de gênero na monografia, mestrado em psicologia, doutorado em literatura e psicanálise, *corpus* crescente, uns contos, alguns livros, a obra, referências idem. Tudo projetado, era rumar para o sucesso. E ainda vou lá esfregar tudinho nas fuças dele!

Eu dava o maior apoio, embora discordasse no coração. Ela não retribuía. Que estilística o quê, Julião?! Tá ficando reaça, é?! Daí em diante, nossos rumos saíram do paralelo. Ela seguiu sem atropelos o caminho glorioso até a cátedra e eu fui trancando cadeiras, fazendo matrícula em duas ou três disciplinas, atrasando o período, até que larguei tudo no quinto ano pra tentar a sorte no comércio, porque no amor e na academia o mungunzá já tinha azedado.

A relação foi raleando em curtidas no face, mensagens de aniversário, encontros fortuitos no calçadão de Tambaú. Quando ela sumiu na tese, eu já tinha mergulhado nos negócios. Ainda estou longe de fazer a fortuna que quero, mas venho fazendo mais progresso que espero e já posso até me dar ao luxo de gastar algum tempo rabiscando aqui acolá umas coisinhas que, por enquanto, vou deixando no arquivo. Um dia, quem sabe, termino publicando.

Mês passado, ela reapareceu no meu *feed*. Foto da defesa de tese, aprovada com distinção na USP. Achei por bem cumprimentar. Curti, comentei e mandei textinho mais elaborado *in box*. Ela respondeu quase ao mesmo tempo, como se já estivesse ali, só aguardando minha reverência. E foi efusiva, narrou maravilhas da vida em São Paulo, do sanduíche em Stanford, dos projetos de pós-doutorado em Paris, mas antes vinha a João Pessoa e queria um encontro, como nos velhos tempos.

Não respondi logo. Deixei a visualização denunciando o descaso por dois ou três dias. Bem que podia ser descuido, ou contratempo, mas era descaso o que ela pensava. No terceiro dia, respondi. Sem festa nem fastio. Que ela viesse, pois, e marcasse dia, hora e local, eu estaria lá, com ou sem falta. Tudo bem, vou só dar um pulo em Curitiba, coisa rápida, não mais que uma semana, volto por aí e te ligo.

Uma semana se passou e nada, nenhuma ligação ou mensagem. Por que entrar, por que não entrar em contato? Entrei. Uma amiga das antigas, precisávamos um do outro para confirmar os sucessos de cada um para além do espelho. Dessa vez, ela não respondeu instantaneamente, mas estava em João Pessoa. Tinha acontecido um imprevisto, não poderia me encontrar. Como não? Se não fosse essa a ocasião, quando seria? Ela cedeu. Quinta, no Empório, às sete.

Semaninha pra se arrastar aquela. Arranquei até as folhinhas de plástico das flores da sala pra contar os dias. Na quinta, saí da empresa para o almoço e terminei indo ao salão. Fiz barba, cabelo e bigode, aproveitei pra comprar roupa nova e, quando dei por mim, era hora. Cheguei mais cedo. Às sete em ponto, ela despontou na escada, com o aspecto hiponga de sempre, só que agora ligeiramente banhado de loja, fez o registro no caixa e acenou. Meio sem graça, vi logo, mas não perguntei por quê. E fomos botando o papo em dia, como velhxs amigxs, tim-tim por tim-tim. À medida que falava, ela relaxava e desfazia o ar de seriedade e sorria

e se soltava. Só faltava beber, mas ela não quis. Nem eu. Depois de muita conversa:
— E Curitiba? Conta! Como foi?
Silêncio feito, sorriso desfeito.
As pontas se amarraram. O imprevisto, a cara de quem comeu e não gostou, o súbito pânico quando demos em Curitiba. Num estalo, lembrei-me de tudo. O pervertido, só podia ser. Ela quis mudar de assunto, voltar aos planos do pós-doutorado na Europa, mas eu insisti. Não vai me deixar na curiosidade, vai? Afinal, encontrou ou não encontrou o cara? Esfregou a tese nas fuças dele? Mas ela só ria acanhada, tergiversando. Se não contar, vou embora. Bati o pé. Ela contou.

Terminei a graduação e entrei direto no mestrado, aquela loucura. Cê lembra, né? Não tive tempo de pensar nisso. Era projeto, pesquisa, prova, entrevista, até de apartamento mudei. Depois o tempo era curto, dois anos pra fazer tanta coisa, ainda por cima em outra área. Tão pouco! Eu tava tão focada, tão mergulhada naquilo que, além disso, a gente muda, vai descobrindo novos horizontes, se desgarrando de velhos grilos. Cê mesmo é uma prova disso, largou tudo, mandou pro beleléu a glória literária e taí hoje, ficando podre de rico. Me orgulho de ti, sabia! E eu também viajei, fiz sanduíche na Califórnia, tinha congresso, trabalho pra apresentar, estágio docência, aquele monte de salamaleque da universidade, terminei deixando pra lá aquela baboseira toda. Tava mais madura também, né. Mas aí veio o doutorado em Sampa. Quatro anos é muito tempo e a gente fica mais relaxada, achando que pode deixar pra amanhã se hoje tem coisa mais eletrizante pra fazer numa metrópole super hiper agitada. Baladinha aqui, vernissage acolá, teatros, concertos, cafés, cinema e show por cima de show, na praça e de graça. Enfim, até em Curitiba eu fui bater, pro festival de teatro. Aí é que tá. Quando eu tava lá, me lembrei daquela loucura de procurar o cara, dizer umas poucas e boas, romper o coro dos contentes, mostrar que o que ele prestou foi um desserviço à literatura, às mulheres, à civilização. Então eu pensei poxa, já que tou aqui, no território dele, posso pelo menos curiar, é bom, até ajuda a fazer a tese. Foi um estalo, sabe. Tão óbvio, mas tão esquecido. E eu sabia de muita coisa, muito detalhezinho miúdo sobre o cara, tipo: onde morava, os lugares que frequentava, a livraria do Chain etc. e tal. Então, andei por lá os quatro dias que fiquei em Curitiba, espiando, espreitando, esperando, pensando no que ia dizer quando ele surgisse, mas nada, nem sinal do pervertido. E assim se passaram os dias e eu voltei pra São Paulo e vi que tava muito dispersa e mente sem foco, cê sabe, é oficina do diabo. É assim o ditado? Bom, sei que voltei a ter foco e deixei aquela loucura de novo pra lá até que, veja como são as coisas da vida, quando você menos espera, acha, eu tava saindo com um carinha da sociologia que também curtia esse papo de literatura. Cara bacana, pena que a gente se cruzou na hora errada, muito cedo, pô. Mas enfim, eu tava saindo com ele e uma bela noite, falando em Machado e depois no dito cujo, ele me disse: cê sabe que o cara não admite que ninguém diga que Capitu não traiu Bentinho, né? Pô, Joao! Eu falei pra ele, você é o homem da minha vida! Como é que eu não sabia daquilo? Era a isca perfeita pra pegar minha piaba. Quando terminei o doutorado, foi aquela festa, eu decidi que merecia descansar, cair na gandaia e pensei por que não? Liguei a ideiazinha que tava lá em *stand by* e pus o programa pra rodar. O esquema era simples. Eu ia a Curitiba pra fazer circular o boato no mercado municipal que Capitu não traiu Bentinho e quem estava garantindo isso era ninguém mais ninguém menos do que o Dalton Trevisan! E foi justamente o que eu fiz. O resultado era claro pra mim. Ele ia ficar sabendo e viria ao meu encontro pra cobrar explicação. Aí era só dar o bote. Só que, enfim, não deu muito certo. (Ela engoliu o resto da limonada, quis encerrar o assunto, mas eu botei o pé na porta. Como assim, não deu certo? Por que e como não deu? Ela foi virando o leme, eu fui segurando o prumo, até que) Tá bom, foi o seguinte. No terceiro dia depois que implantei o boato, voltei ao mercado e me entregaram lá um envelope. Dentro, tinha um bilhete dizendo: me encontre no Chain, às cinco. Fui. Chegando lá, outro envelope com meu nome escrito em garrancho de velho e, dentro dele, o segundo bilhete. Rua tal, número tal, alto da glória, agora. A casa dele, meu! O velho me chamou pra casa dele e eu tava tão certa que ele tinha caído na minha armadilha que, putz, nem me dei conta de qual era a cilada nessa história. Fui bater lá e chamei no portão. Era uma casa de muro alto, trepadeiras bloqueando a visão. O portão se abriu sozinho, atravessei o jardim e dei com a porta já aberta. Olá, ô de casa! Chamei e nada. E eu, louca, pus um pé, outro pé, dei três passos. Bom, que mal pode fazer um vovô? Pensei, falei um pouco alto. De repente, apaguei. Quando acordei, porra Julião, uma voz por trás de mim disse:

— Bentinho era corno, e eu sou o nono.

Ela se interrompeu. Fazia esforço evidente pra controlar os olhos, pretos como azeitonas, e o queixo, fino como dois palitos em v. Queria chorar, mas também queria rir. Eu a conhecia de outros carnavais e sabia que a indignação era nela a prima do fascínio. Mas então o celular tocou, ela se levantou pra atender e já voltou à mesa se despedindo. Tenho que ir, viajo amanhã, foi muito bom te reencontrar. Não vai sair espalhando por aí o que te contei não, né? Olha que falei na confiança das antigas. E eu, beijinho no ombro:

— Mas é óbvio que não.

Danúbio azul

Semana passada, visitei tia Honorina. Tanto tempo que não a encontrava que para lá me dirigi na expectativa de aturar uma dessas broncas que os velhos descarregam nos jovens quando se sentem esquecidos. Tinha até a saída na ponta da língua. Mas tia, se a senhora usasse um smartphone, a gente conversava pelo *whatsapp*. Mas tia uma ova, ela me cortaria logo a palavra e não me deixaria sair ileso de mais uma das pequenas batalhas que os parentes travam entre si sem esperança de armistício. O fato é que encontrei tia Honorina abatida por um assunto, digamos, mais mórbido.

— Tá vendo o jardim? Que desgraça, meu filho, que desgraça.

Só então notei que o gramado parecia um tapete de ferrugem e os canteiros não exibiam mais que folhas enrugadas e rijas. O único sinal de vida eram florezinhas brancas, com um ou outro toque amarelado, brotando descuidadamente por todos os lados como que para dar a certidão de óbito àquela natureza-morta.

— Água agora, só duas vezes por semana e, se a gente não poupar o que chega, me diga como vai ser daqui a pouco, me diga. Olhe, a melhor coisa que você fez na vida foi ir embora pra João Pessoa.

— Lá, temos outros problemas, tia.

— Cavilação sua, menino. Capital é outra coisa, meu filho, outra coisa. Olhe, se não fosse seu tio com aquele bairrismo besta dele, eu teria me mudado pra lá já naquele tempo, antes de construir essa casa. Os meninos teriam tido uma vida muito diferente.

— Ainda está em tempo de a senhora ir.

— Não tá vendo que meu tempo já passou, menino? Desse museu, só saio agora pro Monte Santo.

Ela me acompanhou até o sofá e fez sinal de que esperasse enquanto ia dar alguma ordem lá dentro. Era a primeira vez que eu a encontrava usando bengala, mas ela se movia com tanta desenvoltura que a bengala mais parecia um acessório decorativo. Aproveitei o instante de liberdade pra espiar a casa. E fui reencontrando ali o arranjo de astromélias no vaso sobre a mesa de jantar, o cheirinho de mijo na adega de tio Tomé, o piano de caixa com a partitura de uma valsa à espera de quem a ouvisse, a imagem de Nossa Senhora do Perpétuo Socorro com o contratozinho de alguma promessa dobrado aos seus pés, os retratos dos meus bisavós pendurados no corredor que dá para os quartos, o relógio com badalo que não funciona desde o século passado, a escadaria em caracol que desce até a garagem, o escritório apinhado de livros com capas de couro, poeira e letras miúdas. Ia estirando o braço pra folhear uma edição antiga do padre Vieira quando tia Honorina me tocou pela cintura.

— Você só vai encontrar mofo nessa velharia que Tomé deixou. Nem sei por que ainda não me desfiz dessa tralha. Só me traz espirro, traça e saudade.

— Mas a senhora também tem seus livros aqui, não tem? Eu me lembro de vocês dois nessas poltronas, sempre com alguma coisa na mão pra ler.

— Você continua se lembrando de tudo e mais um pouco. Eu lia sim, li muito quando jovem. Derrubei isso aí tudinho em pouco tempo depois que os meninos cresceram. Mas vou lhe confessar uma coisa, não tenho mais idade pra segredos nem disfarces, nunca gostei de ler não, sobretudo esses romances de Tomé. Se a gente sabe que é tudo mentira, pra que perder tempo com essa maçada? Mas no meu tempo era praticamente uma obrigação. Sobreviver, progredir e ilustrar-se, minha filha. Papai vivia repetindo essa frase como um mantra. Então, eu li isso tudo pra não parecer bocó, mas já fiquei velha e daqui a pouco vou ficar é lelé. De que adiantaram esses livros, me diga.

— Ah, tia, a senhora ficou inteligente, astuta, espirituosa.

— Inteligente era sua avó, menino. E que fim teve? Ai minha irmã, não gosto nem de lembrar. Você sabe que sou a única ainda viva dos sete irmãos? Quem manda ser o fim de rama, quem manda.

A voz embargou, tia Honorina puxou meu braço como se fossem rédeas e eu, deixando que ela montasse, comecei a trotar. Voltamos à sala, ela se acomodou na cadeira de balanço e eu fiquei de olho na rede, mas fui logo advertido de que os punhos estavam puídos. Um risco deitar aí. A conversa foi então seguindo o roteiro das visitas familiares: a saúde em frangalhos de um primo velho, o desemprego sem fim de uma sobrinha encalhada, a discreta separação de um contraparente desajustado, o nascimento prematuro da oitava netinha, a saída do armário do filho de um amigo de quem já se fazia comentário anos atrás.

— Quando é assim, a gente até que não se choca muito né, porque já era esperado. Mas olhe o caso de Valtinho. Quem diria, meu Deus, quem diria? Um menino tão bonito, inteligente, bem-criado, com voz e jeito de macho. Coitada de Lúcia, não vai nem ter o direito de um neto do único filho homem que pariu.

— Mas tia, o sujeito não pode ser bonito, bem-criado e gay não?

— Lá vem você com mas tia isso, mas tia aquilo. Olhe, vou lhe dizer uma coisa, isso tudo já existia no meu tempo, mas os homens sabiam cumprir seu papel. Uns davam umas escapulidas ali, outros sabiam se aliviar acolá, já existia todo tipo de sem-vergonhice, mas ninguém fugia do dever. E o dever era casar, ter filho, constituir uma família decente. É isso que eu não admito, Lucas, é isso que eu não admito. Onde é que a gente vai parar com essa libertinagem desenfreada que todo mundo quer hoje em dia? É só venha a nós e ao vosso reino, nada.

Nisso, uma voz desconhecida anunciou por trás de mim que o lanche estava servido.

— Já vou indo, dona Honorina. A canja tá pronta na panela, a senhora deixe a louça aí na pia que amanhã eu limpo tudinho.

Tia Honorina cravou os olhos nos meus, torceu a boca e fez vibrar a ponta do nariz. Nós passamos à sala de jantar. O lanche servido era misto-quente de mal arrumadas fatias com suco de laranja em caixa. Nenhum sinal dos crespos amanteigados, das torradas com cheiro de ervas, dos pães-de-ló com calda de laranja, das frutas bem partidas e dispostas em pequenas bandejas, do cheirinho fresco de café forte passado na hora.

— Viu que mudança?

— Tá tudo bem, tia.

— Tá-tu-do-bem-tia. Tudo bem uma ova, menino! Agora é assim, hora pra chegar, hora pra sair, serviço dormindo na pia pro dia seguinte, bebida em caixa, comida em pacote que-é-pra-não-dar-mui-to-tra-ba-lho-do-na-Ho-no-ri-na. Esse povo virou funcionário público, Lucas. Você me acredita que essa aí não vem no sábado? Agora diga, onde é que nós vamos parar? Daqui a pouco, elas vão mandar que eu mesma varra o chão e tire o lixo. E o pior, todo mundo vai achar bonito e dizer que é assim mesmo, dona Honorina, é assim mesmo.

— Pois eu cuido da minha própria casa, tia, e estou vivendo muito bem obrigado.

— Olhe aí, tá vendo, é como eu digo. Mas você ainda é solteiro. Quando casar, ah, aí a coisa muda de figura. Vá pedir uma mulher em casamento dizendo que um varre a sala e o outro tira o lixo da cozinha, vá. Ela vai é sair correndo, meu filho. E com razão. Vai procurar um cabra de mais futuro, que seja firme, tenha pulso.

— Mas o mundo mudou, tia, as coisas hoje são diferentes. O cara que limpa a casa e ajuda na cozinha ganha é ponto com a mulherada hoje em dia.

— Mudou mesmo, mudou muito, mas mudou foi pra pior. Antigamente era melhor, muito melhor. Você tá vendo que Tomé jamais que me diria um absurdo desse. E Dagmar? Você consegue imaginar Dagmar saindo daqui às quatro da tarde, por-que-já-deu-min-ha-ho-ra-do-na-Ho-no-ri-na, consegue? Nunca, isso nunca aconteceu, Lucas. Uma vida inteira dedicada à nossa família e ela nunca faltou um dia, uma hora, um segundo que fosse, nem quando já estava um caco e decidiu morar com a prima. Morar não, dormir. Só saiu do meu pé para o túmulo, uma santa.

— E a senhora acha que isso foi justo, tia?

— Ah, justiça! Muito bem, agora você tocou no ponto que eu queria. Vou lhe fazer então uma pergunta mais que justa, meu filho. Como foi aproveitar o trabalho dela esses anos todos, como foi? Tapioquinha caprichada aqui, cafezinho passado na hora ali, frutinhas na bandeja acolá. Você usou e abusou disso, não foi? A família inteira usou e abusou. Agora me diga você se foi justo.

— No começo, eu não entendia as coisas da vida, tia. Depois, eu mesmo defendi a questão do salário.

— Ah sim, defendeu. E por acaso veio aqui contribuir pra isso? Olhe, Dagmar foi herança de vozinha Inalda pra minha mãe, a família inteira usou e abusou dela pro que quis e não quis. Quando veio essa história de pagar o salário, por-que-só-ca-sa-co-mi-da-e-rou-pa-la-va-da-não-dá, quem veio me ajudar a pagar a conta, quem? Ninguém. Eu custeei tudo sozinha, do meu bolso, e ninguém veio dividir o ônus comigo, mas na hora de dar pitaco, todo mundo vem soltar os cachorros em cima de mim. Você mesmo não veio nem para o enterro e fica aí falando de justiça. Aqui pra você!

A conversa mergulhou na face oculta da lua. Tia Honorina começou a batucar uma marchinha ligeira no tampo da mesa e foi pendulando os olhos, que os pés-de-galinha tinham comprimido, do prato para o relógio e de lá para o prato. Eu fixei os meus no restinho do pão já sem presunto e tratei de apressar o mastigado.

— Tia,

— Sim, sim, eu sei muito bem o que o trouxe aqui. Mas pode ir tirando seu cavalinho da chuva, que eu não vou discutir esse problema com você em hipótese alguma. Está me ouvindo? Hi-pó-te-se-al-gu-ma. Não discuto, não discuto. Agora, já que veio, você me faça o favor de dizer aos seus primos que sejam homens de verdade e, se não querem honrar as calças que vestem, honrem pelo menos o pai que tiveram e venham aqui tratar disso comigo, venham dizer na cara da própria mãe o que eles, não tendo coragem de falar nem debaixo de vara, mandam dizer por procuração.

— Sinceramente, tia, eu não sei...

— Sabe sim! Não venha com fingimento para o meu lado não, que aí o cancão pia. Seja honesto, é o mínimo que você me deve. Aliás, é o mínimo que vocês todos me devem. Fui eu, Lucas, fui eu quem suportou sozinha – e já viúva! – o peso de tudo o que aconteceu. Vocês só me aparecem aqui pra saber de conta a pagar e bens a vender. Então, faça o seguinte, termine esse lanche e dê no pé, me deixe em paz, que é o melhor que você tem a fazer nessa história toda. Daqui a pouco eu morro e vocês fazem o que acharem por bem de fazer. Essa é a minha resposta definitiva. Entendido?!

Engoli o último gole de suco e me levantei. Tia Honorina saltou dois passos à frente, em direção à porta. Quando ia cruzando a sala, vi o piano outra vez e parei.

— Ainda toca o Danúbio Azul, tia?
— Pra quem, menino?
— Pra mim, ora!

Ela bamboleou e girou várias vezes em torno da bengala, como uma formiga que se perdesse da fila, escancarou os olhinhos contra o emaranhado de pés-de-galinha e os fez errar pela sala em busca do fio da meada.

— Esse aí é o pai cagado e cuspido.

Deu meia-volta, esqueceu a bengala de uma vez por todas sobre o sofá e dobrou cuidadosamente o paninho de veludo vermelho que protegia o teclado, acomodando-o entre a tampa e a caixa.

— A valsa preferida de minha mãe.
— Sério?
— Sente aí e me diga se ainda dou pro gasto.

Medalhinha milagrosa

— Netinho, meu filho, venha cá. Falei hoje à tarde com Maria Rita, e ela me disse que já confirmou tudinho com a desembargadora ontem à noite no grupo de oração. Vá logo providenciando cópia dos documentos e deixe seu currículo pronto que a mulher toma posse semana que entra. O diploma, quando entregam?
— Leva um tempo.
— Então bote pressão, que a portaria deve sair por esses dias.
—
— Que foi? Que cara é essa?
— A senhora não acha melhor eu ficar por aqui mesmo, estudando pra algo maior, definitivo?
— Bobagem, menino. Pedi a Maria Rita que visse com a desembargadora um setor tranquilo, que deixe você com tempo livre pra cuidar de coisas futuras. Com muito menos que isso, eu fiz muito mais. Então, engrosse esse cangote.
— Mas os meus colegas da faculdade, eles não vão ficar falando não?
— E o que eles têm a ver com isso? Se falarem, é inveja. Meu filho, mais vale na vida um amigo na praça que dinheiro no banco. Já ouviu essa expressão? Pois então, isso é a mais pura verdade. Ninguém aqui está pedindo nada de errado e você é um rapaz inteligente, preparado, fez por onde e vai fazer por merecer muito mais. Além disso, se não for você, vem outro e toma o lugar, inclusive o bacaninha da faculdade que ficou falando isso e aquilo. Não é de livre nomeação? Então pronto.

— Eu sei, mãe, mas os tempos são outros, e eu queria conquistar meu espaço por conta própria. Não é a senhora quem vive pregando a meritocracia?

— Mas meu Deus do céu! E quem disse que você não teve mérito, menino? Estudou, tirou boas notas, fez bons estágios, cola grau amanhã em universidade pública, na qual ingressou sem cota nem arranjadinho. Então?! Não me venha confundir Jesus com Genésio, meu filho. Deve ser a emoção desses dias, mas isso passa. Sabe como as coisas funcionavam no meu tempo? Feche essa porta e vamos conversar.

— A gente tem uma hora pra estar lá, mãe.

— Cinco minutinhos. E eu já estou quase pronta. Sente aí.

— Diga.

— Isso é jeito de falar com sua mãe, menino? Escute. Fiz o primeiro concurso pra escrivão que o Tribunal promoveu depois de 88. Seu pai vinha muito mal das pernas, você era pequenininho e eu já ia com dois meses de barriga. Imagine o caos. Eu era muito tolinha, fui fazer a prova só com o que tinha estudado e a expectativa de dias melhores. Era uma época de grandes esperanças aquela, a gente tinha acabado de votar pra presidente e Collor ainda ia tomar posse. Pois bem. Fiz a prova escrita e passei. Aí veio a entrevista e eu fui lá. Uma menina, meu Deus, não sabia de nada. Entrei na sala e dei com três homens sisudos sentados por trás de uma mesa gigante e, na parede por trás deles, uns vinte retratos intimidadores de homens mortos havia anos. Sabe o que o primeiro deles perguntou? Nunes, esse seu sobrenome vem de onde? Já pensou numa coisa dessas? Eu ali, cheia de leis e ideias de justiça na cabeça, mas o que o desembargador queria saber é quem era meu pai, meu avô, meu bisavô. Eu fiquei num desconserto só. Quando falei que vinha de

Solânea, mas morava em Campina Grande, ele torceu a cara, pigarreou, alisou o bigode e disse: "Não conheço nenhum Nunes de Solânea." – com a voz bem empolada, sabe. Os outros dois nem abriram mais a boca. Quando o resultado saiu, eu não tinha me classificado. Aquilo me deixou numa tristeza, numa decepção, numa descrença. Eu queria botar a boca no trombone, denunciar aquilo tudo pros jornais. Cheguei a falar com um professor da faculdade pra levar o caso à Corregedoria em Brasília, porque aquilo era tão antigo, tão cruel, que eu me sentia no dever de tomar alguma providência, nem tanto por mim, mas pra ver se ajudava a mudar o estado das coisas aqui no estado, ou até no país mesmo. Seu pai achava uma temeridade ir contra os medalhões. Isso vai prejudicar você mais na frente, Dete. Mas eu estava resolvida. Já tinha acertado tudo com o professor e escrito um artigo pro jornal quando sua avó me chamou pra uma conversa. Eu soube que você está pra fazer uma bobagem, ela disse. Estou pra corrigir um ato de injustiça, Dona Chiquita. Então primeiro me escute, depois você decide o que fazer. Foi aí, meu filho, que ela me abriu os olhos e me salvou de dar um tiro no pé. Dete, ela me disse, você escolhe, tome as medidas cabíveis, crie indisposição contra o seu nome e faça o primeiro e último ato de justiça da sua vida, ou seja astuta, jogue com as regras até chegar aonde quer e, chegando lá, faça dois, quatro, seis, oito, dez, mil e um atos de justiça. Prefere o quê? Eu me calei e ela continuou. Olhe, eu tenho uma amiga que é da cozinha da primeira-dama do tribunal. Quem manda no tribunal é o marido, mas quem manda no marido é a mulher. Vou colocar você em contato com minha amiga e ela vai lhe indicar o caminho das pedras. Eu fiquei tão mal com essa história toda, meu filho, mas tão mal que pensei em largar tudo e fazer outra coisa da vida. Foi preciso seu pai e os meus pais me chamarem à razão. Olhe, não é assim, pense no seu futuro e no futuro dos seus filhos. Foi nisso que pensei, em vocês acima de tudo. E fui falar com a tal amiga de sua avó. Arranje um parentesco com a mulher, ela me disse, que eu garanto a revisão do resultado. Foi o maior alvoroço aqui em casa. Veio parente de tudo quanto era canto pra arranjar nem que fosse um tataravô em comum com a mulher do presidente. E o bom de tudo é que a gente encontrou alguma coisa lá pra trás, do fim do século XIX. Falei com a amiga, que me levou à primeira-dama, que cutucou o marido, que anulou o resultado e mandou fazer a entrevista novamente. No dia da prova, dona Chiquita me chamou e entregou essa medalhinha milagrosa. Uma amizade na praça ajuda muito, minha filha, mas não há nada que se compare ao poder de Nossa Senhora. Pendurei a medalhinha no pescoço e fui. Na semana seguinte, saiu a lista e meu nome estava nela. Na época, eu me senti muito mal por ver as coisas acontecendo dessa maneira, mas depois fui assentando tudo no juízo, entendendo que não se pode ir contra o sistema de uma só vez. Além disso, no frigir dos ovos, eu tinha feito alguma coisa de errado? Claro que não. Estudei, mostrei competência e estava disposta ao serviço. Só tive que ter um pouco de jogo de cintura pra dançar conforme a música e poder, no tempo certo, escrever minha própria partitura.

— E lá se foram seus cinco minutinhos.

— Pois então fiquei aí parado e me ouça por mais cinco, que eu tenho é trinta anos de história profissional pra lhe contar.

— Mãe...

— Só mais cinco, prometo. Onde é que eu estava? Sim, o novo resultado. Passei, tomei posse e fui lotada, diga onde, em João Pessoa. Agora imagine sua mãe com um bebê na barriga e uma lotação em outra cidade. Eu fiquei desesperada. Seu pai tentava me acalmar, era um anjo da guarda aquele homem. Dete, o importante é entrar, depois tudo se arranja. Foi preciso falar outra vez com a amiga, que acionou a primeira-dama, que deu a ordem ao marido, que baixou a portaria, mas isso ainda levou algum tempo e eu tive que tomar posse e entrar em exercício na capital. Cheguei a passar uns dois ou três meses por lá, você não lembra porque era muito pequeno. Quando eu voltava na sexta, às vezes na quinta, você saía correndo de felicidade pra me abraçar. Agora, por que estou lhe contando isso? Porque aí vem a segunda lição. Esses meses que passei em João Pessoa, na sede do tribunal, foram fundamentais. Eu era uma menina, vivia de casa pra faculdade e da faculdade pra casa, tinha feito uns estágios, mas nada que me mostrasse como as coisas realmente funcionam. Já tinha levado o primeiro baculejo com essa história do concurso e, quando me apresentei no serviço, levei outro. Fui trabalhar num setor com três seções e onze pessoas, três chefes imediatos e dois superiores. Não demorei a descobrir que isso gerava uma paz armada entre as pessoas, porque quem tinha as funções de chefia tratava de se proteger contra quem não tinha ou não pertencia à sua patota, e olhe que naquele tempo essas funções nem eram tão graúdas como hoje, mas já eram dinheiro e isso era o suficiente pra dar em confusão. Mas eu cheguei lá muito verde, sem saber nada disso, e fui logo tratando de fazer amizade com todo mundo. Um belo dia, quando cheguei pra trabalhar, o caos tinha se instalado na sala. O chefe estava revirando tudo quanto era tralha à procura de um grampo que, segundo ele, o diretor tinha mandado instalar na sala. Aí ele começou a gritar comigo, me acusando de ser cúmplice do diretor, e eu fiquei apavorada, sem entender nada daquilo, mas Abigail, outro anjo da guarda que me cruzou o caminho na vida, depois veio e me explicou. Bernadete, você é muito simpática, se dá bem com todo mundo e se dispõe a fazer qualquer serviço que lhe pedem, termina despertando a suspeita de que quer tirar vantagem, então tome cuidado com o que faz, com quem fala, discrição é a chave da sobrevivência aqui. Meu Deus, aquilo foi um choque. Tive vontade de sair correndo e não colocar mais os pés naquele lugar. Quanta mesquinharia, meu Deus. Quando voltei pra casa no fim de semana, seu pai mais uma vez me segurou, deu uma injeção de ânimo. Calma, Dete, calma que as coisas se arranjam. E se arranjaram mesmo. Eu voltei, dois anos depois passei no concurso pra juíza e pude finalmente fazer minha parte pras coisas melhorarem nesse país. Então, meu filho, o que eu queria lhe dizer é isso. Você tem que ter paciência, jogar conforme as regras do jogo e ser discreto. *Low profile*, sempre, ou pelo menos até estar em condições de botar banca. Não pode ser muito inflexível nem se indispor à toa com ninguém. Quando chegar lá aonde você quer e merece, quando estiver numa posição boa e garantida, aí sim você faz as coisas do seu jeito, e ainda assim com muita prudência pra não atrair inveja nem mau olhado. É a lama, a malícia da vida, meu filho. E disso ninguém escapa se quiser sair do canto. Entendeu?

— Entendi, mãe, mas só não vou discordar neste exato momento porque a gente já vai chegar atrasado mesmo que eu só balance a cabeça dizendo que não.

— Se não for comigo, é com a vida que você vai aprender. Dói menos se for com a mamãezinha aqui, vá por mim.

— Isso nós vamos ver.

— Seu besta. Só mais uma coisa, Netinho. Tome. Dona Chiquita me deu quando precisei dar o primeiro passo importante na minha vida profissional, agora é sua vez de receber a proteção de Nossa Senhora. Guarde essa medalhinha, ande com ela pra onde for e nunca esqueça que sua mãe aqui e sua vozinha lá no céu estão intercedendo por você.

— Obrigado.
— Só isso?
— Mãe, olha a hora.
— Primeiro meu beijo.
— Satisfeita?
— Uma mãezinha dessas vale ouro, né não? Vá descendo que eu termino já. Cinco minutinhos. Essa cidade vai ver hoje o melhor baile de formatura de todos os tempos.

Boletim de ocorrência

Aos treze dias do mês de agosto de dois mil e quinze, compareceu a esta escrivania de Polícia a Sr.ª Francisca Gomes de Sousa, brasileira, viúva, funcionária pública estadual aposentada, dessas mulheres que ainda não chegaram aos sessenta, mas têm cara de quem já passou dos setenta, e que só estava passando pela calçada no momento em que ocorreu o incidente ora investigado, mas viu tudo acontecer e sobre ele diz, com voz de sem querer querendo, **QUE**: "foi horrível, fiquei lá escutando os gritos de dor da coitadinha, sem poder fazer nada, não tinha nem um celular pra pedir socorro, a sorte foi que apareceu aquele rapaz ali fora e acudiu a pobre, ele é médico, né, graças a Deus, meu filho, escute uma coisa, se você visse a cara da outra quando desceu do carro, dava pra ver que foi de caso pensado, não tinha como, um pátio daquele tamanho, não tinha mais que dois carros estacionados, e ela achou de passar justo por ali, sei não, mas meu palpite é que elas se conhecem de algum lugar e uma quis se vingar da outra". Tomou então a palavra o advogado da investigada, o Dr. Eduardo Soares Vilarim Filho, que compareceu à oitiva sem paletó nem gravata, e perguntou o que exatamente ela viu, tendo a depoente respondido, **QUE**: "olhe, eu estava só passando pela calçada, como já disse ao doutor aqui, mas vi tudinho, os gritos de dor da coitadinha, meu Deus do céu, a outra descendo do carro com cara de quem ri por último, sim, também vi na hora do baque, aliás, ouvi, aí olhei pro estacionamento e vi as pernas da pobre debaixo do carro e aquele monte de gente aparecendo de tudo quanto era lado, vixe Maria, o povo tem mais curiosidade que vontade de ajudar né, a sorte foi o doutor ali que apareceu e tomou conta de tudo, mas o senhor deve estar querendo saber se eu vi na hora que o carro atropelou, aí vamos ser justos né, não vi não doutor, mas escute uma coisa, eu tenho uma conhecida que o pai era mulherengo fino, deixou uma cantada em cada esquina que passou, aí um belo dia essa conhecida vinha ali na avenida Esperança quando viu uma das quenga (sic) do pai atravessando a rua, o velho já tinha até morrido, mas o ódio ainda remoía no coração da filha, o que ela mais queria naquela hora era ir com tudo e passar por cima da rapariga, mas o sinal fechou, um carro cruzou a rua e ela perdeu a oportunidade, então é isso viu, deve ter sido uma coisa assim, aposto um olho da cara que foi por aí". Nada mais tendo a declarar, o ilustríssimo senhor delegado de Polícia Civil, o Dr. Leidimar Bezerra de Almeida, dispensou a depoente, advertindo-a de que fica à disposição da autoridade policial para posteriores esclarecimentos, e mandou apregoar o nome do segundo depoente, o Dr. Leonardo Viegas de Andrade, brasileiro, união estável assim declarada, médico reumatologista, rapaz bem apessoado e com cara de nerd, que por feliz coincidência havia acabado de estacionar no local do incidente a fim de fazer a feira e, ao que lhe foi perguntado, respondeu muito elegantemente, **QUE**: "não vi nem ouvi o baque, porque ainda estava dentro do carro, com as janelas fechadas e o som ligado, quando tudo aconteceu, mas senti que de repente uma multidão se acumulou ali perto e, quando baixei o vidro, percebi aqueles gritos excruciantes de dor, aí meu companheiro foi logo ligando pro SAMU, e eu corri pra prestar os primeiros socorros à mulher, coitada, o choque foi violento, fratura exposta na perna direita, além dos hematomas em um dos braços e no rosto, parecia coisa de quem vinha em alta velocidade, mas não, a motorista estava ali, manobrando pra sair do estacionamento e de repente, bum! Incrível, incrível, mas não acredito que tenha sido por maldade não, as pessoas erram e nem sempre podem consertar as coisas sem enfrentar consequências danosas pra si ou para os outros, né, mas ela merece clemência, sem dúvida alguma, dá pra ver que não se trata de uma pessoa má, é uma senhora distinta, enfim, tenho certeza de que a própria vítima vai compreender tudo o que aconteceu e perdoar a mulher assim que sair dessa". Antes de ser dispensado, com a mesma advertência retro mencionada, o depoente disse ter se lembrado de um detalhe e, sendo-lhe mantida a palavra pelo ilustríssimo senhor delegado, ele acrescentou, para certo alívio ou constrangimento dos presentes, **QUE**: "a vítima estava com o celular na mão depois do ocorrido e deu pra ver que ela brincava com algum desses joguinhos tipo Pokémon no instante do atropelamento, de modo que é perfeitamente possível que ela estivesse completamente distraída e não tenha percebido de modo algum que o carro faria ser sua a vez, a vez do caçador, com o perdão do trocadilho". Em seguida, foi chamado a depor o Sr. Manoel Henriques de Oliveira, brasileiro, união estável assim declarada, designer gráfico, que corroborou as palavras do segundo depoente e apenas acrescentou com uma vozinha irritante, **QUE**: "a mulher não fugiu, mas ficou tão apavorada que também não desceu sequer do carro pra conferir o que tinha acontecido e só saiu de lá quando a polícia chegou e anunciou que ela tinha que vir aqui prestar depoimento". Encerrado o depoimento, o Dr. Leidimar, ilustríssimo senhor delegado de Polícia Civil, considerou desnecessário colher as informações das outras pessoas que tinham acompanhado a viatura até a delegacia e, dizendo entre os dentes que havia mais curiosos que testemunhas entre os que aguardavam do lado de fora da sala, deu ordens a este escrivão para dispensar a plateia e convocar a depor a antagonista, digo, a investigada, a Sr.ª Maria do Carmo Cavalcanti Luna, qualificada em suas próprias palavras como brasileira, casada, empresária, filha do pai, sobrinha do tio e neta de quem é, que mal se sentou e foi logo tomando a palavra e dizendo com jeito de marquesa do Império, **QUE**: "senhor delegado, tenho certeza de que tudo já ficou muito bem perguntado e respondido, de modo que os fatos agora estão esclarecidos e eu posso ir em paz para casa, ou melhor, para o trabalho, lutar mais um dia pelo desenvolvimento desse país". Ao que o ilustríssimo senhor delegado de Polícia Civil respondeu que ainda eram necessários alguns esclarecimentos e, oferecendo gentilmente um copo d'água à mulher, que vestia roupa de academia e escondia quase o rosto inteiro e o nervosismo todo por trás de um enorme par de óculos escuros devidamente montado sobre o nariz batatudo; assim fazendo, perguntou o senhor delegado o que exatamente havia acontecido, ao que a investigada respondeu, **QUE**: "saí de casa hoje cedo para minha caminhada habitual na praia e fui alertada pela secretária de que estava faltando açúcar, então decidi passar depois da caminhada no mercadinho de Seu Dedé e, veja só o senhor como são as coisas, por causa de uma besteira como essa, vim parar aqui, pois bem, estacionei o carro ali naquele pátio ao lado da pizzaria, comprei o açúcar e voltei, a cabeça cheia de mil preocupações, se o senhor visse a situação da indústria, meu marido e eu estamos fazendo malabarismo todo santo dia pra não demitir nenhum trabalhador, é diferente do senhor, funcionário público, que recebe seu salário todo santo mês com ou sem crime a ser investigado, enfim, voltei para o carro fazendo conta na cabeça, não tinha ninguém ali naquele estacionamento além de mim e de uns três carros, eu juro por tudo o que há de mais sagrado na vida e na morte, pelas almas dos meus pais e avós e do meu filho querido, que Nosso Senhor já levou antes de mim, fui dar ré e pronto, a mulher apareceu do nada e, quando eu vi, já estava embaixo do meu carro, aí foi aquela confusão, de que o senhor já está por demais ciente". O advogado da depoente, já qualificado acima, pediu então que ela explicasse por que não desceu do carro, tendo ela mesmo dito, **QUE**: "quando vi o que aconteceu, primeiramente fiquei desesperada, porque acima de tudo sou uma mulher de bem, temente a Deus e cheia de amor ao próximo, mas não desci do carro porque vi aquele horror de gente avançar pra cima de mim e tive medo de ser atacada, como o senhor sabe que é perfeitamente possível acontecer em ocasiões como essas, porque os ânimos ficam muito aflorados, não é verdade? mas liguei imediatamente para o SAMU e ato contínuo chamei a Polícia, fui eu quem chamou o socorro médico e o senhor, doutor, desculpe, esqueci seu nome, Leidimar, doutor Leidimar, e mais que isso o senhor há de convir que eu não tinha muito o que fazer". Neste momento, todos os presentes foram distraídos por um burburinho que vinha do corredor, aproximou-se da sala e aqui irrompeu como a ventania que não manda mais que cinco segundos de aviso prévio; era um casal, aparentando não ter ainda quarenta anos, que se apresentou como amigo da família da vítima, soltou impropérios contra a investigada e exigiu da autoridade policial que fizesse justiça. "Se a Polícia não fizer a parte dela, farei eu por nós duas!" – esbravejou a mulher. "E eu dou o tiro de misericórdia!" – completou o homem. A depoente quis entrar em pânico, o excelentíssimo senhor advogado exigiu que os invasores fossem retirados e o ilustríssimo senhor delegado esclareceu aos que então chegaram que não lhes era permitido fazer aquele tipo de manifestação; entretanto, como resistissem a sair, o delegado pediu que lhes trouxessem água, serviu a todos os biscoitos de fabricação caseira da senhora sua mãe, que ele costuma trazer para situações imprevistas como essa, e percebendo ao fim de quinze minutos que os ânimos já estavam mais serenados, pediu que levassem aos familiares sua palavra de honra que a justiça seria feita desde que eles se retirassem da sala, o que fizeram depois de outros quinze minutos de oscilação eletrocardiográfica entre revolta e resignação. Retomou então o interrogatório a autoridade policial, perguntando à investigada se ela tinha algum fato relevante a acrescentar, ao que ela respondeu não ter; entretanto, tão logo o ilustríssimo senhor delegado advertiu a interroganda de que ela ficaria à disposição da delegacia para novas declarações e poderia ser indiciada por lesão corporal grave ou, ocorrendo o pior dos desfechos no hospital de trauma, homicídio culposo, ela ejetou os óculos, lançou um olhar fulminante sobre os presentes e disparou, **QUE**: "não acredito que isso ainda vai continuar, depois de ficar tudo tão bem explicado, não há a menor condição de esse terrível acidente dar ensejo a mais dor e sofrimento para mim ou para a pobre mulher que, por sinal, eu farei questão de assistir em tudo aquilo que for necessário para que ela se recupere em todos os sentidos, no corpo e na alma, a não ser que o senhor esteja querendo tirar algum proveito da minha condição, coisa em que não acredito em hipótese alguma, doutor, escute bem, quando eu era criança, meu pai era amigo e conselheiro do ministro Abelardo, de saudosa memória; um belo dia, numa infeliz brincadeira doméstica, meu irmão mais novo atirou sem querer no filho de um casal amigo nosso, o senhor pode muito bem imaginar o transtorno que isso gerou para as duas famílias, mas tudo se resolveu da melhor maneira, o rapaz sobreviveu sem sequelas físicas nem morais, meu irmão seguiu adiante e a Polícia não fez mais que ajudar a manter a ordem e a naturalidade das coisas, como aliás é a missão dela fazer, não é mesmo? Agora me diga, a que teria levado um inquérito que desmoralizasse nossa família e submetesse meu irmão a situações que ele, coitadinho, bom moço que era e é, não merecia? Diga, doutor. A nada, não é mesmo? Aí estão os dois, até hoje, ele e Armandinho, bons amigos, como se nada houvesse acontecido. Agora imagine o senhor como teria sido a história se a Polícia viesse com isso de inquérito, esclarecimentos, lesão corporal, homicídio, o escambau. A vida do meu irmão destruída, as duas famílias expostas nos jornais, sofrimento desnecessário, não é mesmo? Olhe, escute bem, liguei para o meu marido, a caminho daqui, e ele já correu ao Trauma pra prestar todo apoio à pobre mulher e sua família, eu mesmo irei visitá-la assim que possível e quem sabe até nos tornemos boas amigas. Então, senhor delegado, para que isso de ficar à disposição e ser indiciada por crime, se não há aqui nenhum criminoso? Agora, vou lhe dizer uma coisa, se o senhor quiser mesmo levar isso adiante, se o senhor ficar embasbacado com essa história de ser o bom moço, dar palavra de honra de fazer justiça, que nesse caso seria uma falsa justiça, uma injustiça, aí eu vou ter que tomar minhas providências, eu vou ter que acionar o socorro adequado para não ser vítima de um ato desnecessário, voluntarioso, completamente autoritário e arbitrário, estou lhe avisando, se o senhor não der isso por encerrado agora mesmo, olhe, escute só, o meu filho é juiz, eu vou ligar para ele agora mesmo e nós vamos ver quem é que vai ficar à disposição de quem aqui, entendeu?!" Assim falando a investigada, o excelentíssimo senhor advogado arriou na cadeira, esfregou os olhos com as palmas das mãos e os deixou escorregar para o pé da mesa, enquanto o ilustríssimo senhor delegado consertou o nó da gravata, abotoou os punhos da camisa, aprumou-se em noventa graus na cadeira e, sem alterar a voz mansa e firme de quem sabe o que faz, disse, **QUE**: "minha senhora, vou lhe dar algumas notícias que talvez até já sejam dormidas, mas, enfim, escute só a senhora, o ministro Abelardo já morreu e o senhor seu pai, a senhora mesma acabou de mencionar, também; o delegado que fez ou não fez o que deveria ter feito, se não morreu, vai perto e aposentado certamente já está; quanto ao seu filho, ele não é juiz coisa nenhuma, passou na primeira fase da Paraíba e ficou na segunda do Ceará, é empregado na banca dos Porto, advogado muito sério e ficaria envergonhado de ouvi-la usando aqui o nome dele dessa maneira, mande-lhe um abraço desse velho colega de faculdade; agora, vamos fazer um acordo, a senhora retira o que disse sob violenta emoção, eu esqueço o que foi dito por uma questão de razoabilidade e, quando o relatório estiver pronto, se for o caso, a senhora vai conversar com o juiz, pra contar sua história e ver o que acontece com quem tenta dar carteirada aqui na minha circunscrição ou lá na jurisdição dele. Estamos conversados?" Ao que a mulher quedou-se em silêncio e o ilustríssimo senhor delegado, declarando encerrado o depoimento, mandou ler este termo, que segue digitado e rubricado por mim, escrivão concursado, e assinado pelos demais presentes.

A Sua Excelência o Juiz

Maria das Mercês Azevedo de Morais, brasileira, solteira, médica, vacinada e pagadora de impostos, por meio do advogado que subscreve esta petição, vem ajuizar a presente Ação de Obrigação de Fazer, nos termos da lei, da jurisprudência e da boa doutrina, contra Alan Marcelo dos Anjos Salgado, brasileiro, solteiro, profissional liberal, passando a narrar que:

01. A requerente nasceu em 1950 e cresceu ao som dos Beatles e dos Rolling Stones. Cantou com Caetano Veloso que é proibido proibir, acompanhou pelos jornais que chegavam a Campina Grande toda a movimentação do festival de Woodstock e se esforçou como pôde, dentro das limitações de tempo e lugar, para fazer amor em vez de guerra.

02. Em 1974, a requerente bacharelou-se em Recife e se mandou pro Rio de Janeiro, a fim de não apenas fazer residência, mas também se libertar em definitivo das amarras morais e machistas da tradicional família proprietária. Um de seus pretendentes, rapaz de boa família em João Pessoa, chegou a largar tudo pra ir ao encontro dela em Copacabana, mas quebrou a cara.

03. Três anos depois, engravidou de seu único filho e dispensou a pensão e os cuidados do pai do menino. O filho cresceu feliz e sadio, graduou-se em Direito e hoje é Procurador da Fazenda Nacional no Paraná, onde tem uma linda família tradicional proprietária com a esposa e três filhos, além de se dar super bem com o pai, com quem sempre manteve contato.

04. A requerente trabalhou duro por quarenta anos até se aposentar, em 2014, como professora da Universidade Federal Fluminense e médica do Programa de Saúde Familiar em Niterói. Uma vez aposentada, passou dois anos batendo perna e fazendo apenas o que lhe dava na telha. Em meados de 2016, retornou à terra natal para cuidar dos pais e voltou a clinicar.

05. Acontece que, durante os dois anos de puro lazer, a requerente começou a refletir intensamente sobre a passagem do tempo e o significado da vida. Sentiu um estranho incômodo que ia do corpo à mente e voltava da mente para o corpo, procurou ajuda de vários especialistas, mas não conseguiu diagnóstico conclusivo. Alguém aconselhou um psicólogo.

06. Foi o que ela fez. Consultou-se com um psicanalista, apelou a uma logoterapeuta, recorreu à terapia comportamental. Como nada resolvesse sua angústia, recorreu extraordinariamente aos seres supremos. Frequentou centro espírita, terreiro de macumba, rezadeira multicrença e círculo de oração em comunidade carismática. O incômodo continuava intacto.

07. Um belo dia, a requerente foi se exercitar no Aterro do Flamengo e viu um casalzinho, na casa dos setenta anos, passeando de mãos dadas e trocando as carícias mais fofas que ela já tinha testemunhado na vida. O incômodo então apertou, quase a levou ao sufocamento, mas logo em seguida cedeu e em seu lugar baixou um indescritível sentimento de beleza e paz.

08. A princípio, a requerente não compreendeu o que acontecera e tentou se desvencilhar da lembrança daquele casalzinho meigo, mas a imagem não lhe saía da cabeça. Mais que isso. Ela passou a dar conta de todos os casais cheios de

ternura que lhe cruzavam o caminho e sentir a cada nova vez o mesmo acocho no peito, seguido do mesmo desespero.

09. Para se distrair um pouco, a requerente decidiu passar alguns dias com o filho em Curitiba. Foi recebida com tantos mimos que ficou desnorteada, ainda mais quando os netinhos lhe perguntavam por que a vovó Mercês nunca aparecia por lá com o vovô Olavo, já que a vovó Olga só andava grudada com o vovô Nelson. Porque a vovó Mercês é pra-frentex, ela explicava.

10. E também contava. Numa única manhã, contou os sete beijos que a nora estalou no filho antes de sair cada qual pro seu trabalho. Depois contou as catorze vezes que o vovô Nelson disse amar algum dos netos reunidos em sua casa para o aniversário da tia Alba. Parou de contar quando a vovó Olga lhe perguntou pela terceira vez se aquela não era uma família bonita.

11. Voltou para o Rio se perguntando em que ponto as coisas tinham mudado e as pessoas haviam esquecido aquela boa e velha disposição de virar o planeta pelo avesso e endurecer a parada, perdendo até mesmo a ternura. Não soube dizer a si mesma se isso era bom ou ruim e foi desabafar com um velho amigo, com quem fumou e trepou ao som de Rita Lee.

12. No outro dia, foi a um templo católico. Rezou ajoelhada diante do altar, procurou o pároco e pediu que lhe concedesse dois dedos de prosa. Ele insistiu em fazer da prosa uma confissão, ela aceitou. Saiu de lá depois de um padre-nosso e duas ave-marias. Sentia-se aliviada. E não sabia mais por que havia começado todo aquele imbróglio.

13. Dali a algumas semanas, a requerente estava de passagem marcada para Bali quando combinou de se encontrar com amigas num barzinho descolado da zona sul. Uma amiga

desmarcou em cima da hora, outra mandou mensagem pra dizer que se atrasaria e a terceira ficou presa no meio de um tiroteio. Levaram mais de hora e meia pra chegar.

14. Enquanto as esperava, a requerente percebeu um quarentão conservado e boa pinta que lhe lançava sorrisos e olhares a três ou quatro mesas de distância. A princípio, não lhe deu cabimento. Depois, retribuiu com discrição. Finalmente, fez sinal para que o homem se aproximasse. Ele veio, disse o nome e lhe deu uma cantada safada que não merece ser revivida.

15. Os dois conversaram por coisa de uma hora. Alan se apresentou como um sujeito de boa que vive e trabalha para ajudar as pessoas a encontrar alegria e prazer. Quando a requerente perguntou como ele fazia isso, Alan respondeu que era psicólogo experimental e prestava acompanhamento personalizado, segundo as necessidades da cliente.

16. Mas então as amigas chegaram e o requerido se despediu, não sem antes deixar o cartão de visitas, que a requerente fez questão de guardar na bolsa apenas para não parecer descortês. Naquela noite, as amigas tomaram Martini, discutiram a situação política do país e combinaram que as férias do ano seguinte seriam na Califórnia, com possível esticadinha a Vegas.

17. O tempo passou, a requerente foi a Bali e voltou, andou adoentada e visitou os pais em Campina. Reviu então um tio, já viúvo e desdentado, que se queixava de o mundo não ser mais como antes. Tudo agora é normal, até a boiolagem. A cunhada, mãe da requerente, protestou. E o que era normal no teu tempo, Doda? Deixar a mulher em casa e ir pra farra com um bando de rapariga?

18. A requerente ouviu as palavras da mãe e as guardou em seu coração. No fim de semana seguinte, os irmãos chegaram a Campina e todos se reuniram para discutir a situação dos pais. O mais novo tinha mulher, filhos e trabalho em Recife. A do meio já assistia a sogra, sem ajuda de cuidadores, em Natal. Mercês estava aposentada e, afinal de contas, não tinha ninguém.

19. Conversa vai, conversa vem, acordaram os irmãos que não seria justo tirar os pais da cidade nem deixá-los entregues a si próprios. Considerando tudo o que havia sido exposto, a requerente apresentou-se ao sacrifício e aceitou deixar o Rio de Janeiro para voltar à terra natal durante um ano, ao fim de que os irmãos se reuniriam para reavaliar a situação.

20. Enquanto organizava a mudança temporária, com o coração aflito pela iminente e brusca alteração dos hábitos, a requerente encontrou em suas coisas aquele cartãozinho de visitas que o requerido lhe havia dado no barzinho descolado do Leblon. A princípio, jogou o papel na lata de lixo, mas passou aquela noite em claro, combinando as ideias, e o resgatou da lixeira às seis da manhã.

21. Na noite do mesmo dia, ela saiu pra jantar com Alan e lhe explicou a situação em que se encontrava. Quando ele perguntou o que poderia fazer para ajudá-la, ela propôs que ele se mudasse com ela para Campina Grande durante o ano experimental a fim de exercer atividades inerentes à função de marido. Teria em troca casa, comida, roupa lavada e mesada.

22. Os amigos não acreditaram no que a requerente propôs, menos ainda que o requerido aceitou a proposta antes mesmo que ela pedisse a conta ao garçom. Só admitiram que era tudo verdade na noite de despedida, quando Alan

chegou à festa de mãos dadas com Mercês e cumprimentou a todos com a desenvoltura de um velho conhecido.

23. Em Campina e Curitiba, a notícia do súbito companheiro tomou a todos de surpresa e a família quis logo saber quem era, o que queria e como vivia o aventureiro. Mercês não deu trela às investidas e se limitou a dizer que não tinha satisfação a dar sobre sua vida pessoal. Os parentes que se alegrassem por vê-la com alguém que dividiria com ela o desafio por vir.

24. Aliás, quando uma tia lhe perguntou se não era loucura colocar dentro de casa um homem que ela havia acabado de conhecer, a requerente lembrou o caso dos avós paternos. Viram-se apenas duas vezes antes do casamento: no dia em que os pais acertaram o contrato nupcial e na noite do noivado. Mas pelo menos Seu Quinco sabia a procedência do genro. E nada mais se disse.

25. Em junho de 2016, a requerente mudou-se para Campina Grande e se instalou em um apartamento no mesmo edifício onde também passaram a residir seus pais. O requerido logo ganhou a sogra no papo, mas não logrou êxito com o sogro, que se manteve resistente até mesmo a lhe dar bom dia enquanto vigorou o contrato de acompanhamento conjugal.

26. Durante os doze meses de vigência, o requerido cumpriu fielmente os deveres que haviam sido acordados. Largou meias e cuecas em cima da cama, levou a sogra para passear duas vezes por semana, foi gentil na sala e selvagem no quarto, trouxe amigos recém-feitos para o futebol na quarta e emprestou os ouvidos para desabafos, mesmo quando a cabeça estava na Lua.

27. Por sua vez, a requerente adimpliu as obrigações e não deixou faltar roupa limpa e perfumada no armário, cerveja fresca na geladeira e disposição para experimentar os limites

do desejo. Apreciou e aprovou os serviços do requerido, mas depois de seis ou sete meses, sentiu que já estava suficientemente saciada e decidiu que não renovaria o contrato.

28. Foi aí que se deu o problema. Quando os irmãos se reuniram conforme planejado, concordaram que a requerente passaria mais um ano com os pais até que fizessem nova avaliação. Ela então anunciou ao requerido que ele estaria dispensado dos serviços ao término do décimo segundo mês, de modo que ela prosseguiria sozinha dali em diante. Ele se fez de desentendido.

29. E quando chegou o último dia do contrato, anunciou à requerente que não iria embora. Estava muito acostumado à nova vida e tinha se afeiçoado aos pais dela. Mercês se sentiu lisonjeada, agradeceu a Alan tudo o que ele fizera, mas insistiu que não desejava renovar o contrato. Que ficassem bons amigos e ele visitasse a família sempre que tivesse vontade.

30. Pois eu não lhe dou o divórcio. Se quiser, vá à Justiça, foram suas palavras definitivas. E como não houvesse apelo que desse jeito na situação, a requerente se refugiou no apartamento dos pais, onde recebe diariamente a visita do requerido implorando que ela volte para casa e reassuma as funções de boa esposa. Com a ajuda da sogra, diga-se de passagem.

31. Desta forma, vem a requerente mui dignamente à presença de Vossa Excelência, solicitar que determine ao Sr. Alan Marcelo dos Anjos Salgado que faça as malas, dê o fora de sua casa e retorne ao Rio de Janeiro, levando para longe de si todo e qualquer risco de recaída, tudo isso sob as penas da lei. Seguem em anexo os documentos e o rol de testemunhas.

Tchau, querido

— Tião, a gente sempre teve muito respeito um pelo outro, então me desculpe aí se vou importunar o amigo, mas é como falei ainda há pouco, em você eu confio. Até achei melhor deixar o pessoal ir embora pra gente conversar mais à vontade. Você viu, né? Meu assessor isso, minha viagem aquilo, e uma frescura do caralho com meu filho de olhos azuis pra cá, meu carro de cem mil reais pra lá, meu apartamento com varanda gourmet no quinto dos infernos. Teve uma hora que Daiana olhou pra mim e disse e você, Juca, o mais brilhante da turma, dez anos de formado. Só não dei uns gritos naquela abilolada porque alguém ia vir com essa história de machismo ou coisa pior pra cima de mim. Do jeito que sou mole, era capaz de terminar em cana. Se esse pessoal já era intragável no tempo de faculdade, agora que todo mundo virou autoridade, não há quem aguente ficar perto por muito tempo. Não sei nem por que vim pra essa invenção de culto ecumênico, almoço, o escambau. A gente nunca teve muita amizade mesmo, era cada qual na sua panelinha. Tudo fricote, como dizia minha finada mãezinha. Enfim. Difícil falar, mas o negócio é o seguinte, bicho: ano retrasado, logo depois do Carnaval, Leninha me expulsou de casa. Passei um bom tempo sem entender direito o que aconteceu, até que uns detalhes foram surgindo, e de forma tão absurda, que não sei se a coisa toda ficou mais clara ou confusa. Repare mesmo. A gente se amava, tinha uma filhinha linda, planejava uma viagem pra celebrar as bodas de nem lembro mais o quê. Aí, um belo dia, eu cheguei do fórum, cansado, estressado, entediado, com recurso pra fazer, prazo escorrendo, cliente nos cós, e encontrei uma mala na sala. Sabe o que ela me falou? Depois você passa aqui pra arrumar o resto das coisas com calma. Como assim, bicho? A cena era tão inusitada que eu não sabia nem por onde começar. Fiz de conta que era uma brincadeira sem graça e fui procurar Duda lá dentro, ou tentei, porque aí ela falou que tinha deixado a menina na casa da mãe e bloqueou a passagem. Enlouqueceu ou o quê, caceta?! Eu virei um bicho, Tião. Atirei a pasta contra a parede e parti pra cima. Encoste um dedo em mim que eu chamo a polícia. Digaí, bicho. Mas era justamente a polícia que eu queria chamar, porque eu estava sendo impedido de entrar na minha casa, tomar banho no meu chuveiro, jantar com minha família, estirar os pés na minha cama. Você não tem mais família, Juca. Tem noção do que foi ouvir aquilo, bicho? E o pior é que ela falava numa frieza de dar ódio. A gente tinha feito amor umas duas ou três noites antes e ela estava me dando as contas assim, do nada, sem nenhum aviso prévio, sem qualquer explicação de por que nem pra quê?! Ainda por cima teve a petulância de bater a porta nas minhas costas cheia de ironia. Tchau, querido. Porra, velho! Como foi que eu me controlei pra não derrubar aquela porta no braço, hein? Eu sei que, na manhã seguinte, ela já nem atendia a ligação. Fui pegar Duda na escola e a menina não tinha sequer ido pra aula, voltei no fim de tarde pra casa e a fechadura já tinha sido trocada. Pode uma coisa dessas, Tião? Bicho, eu fiquei tão fora de mim que só não botei aquele prédio abaixo porque a vizinha ao lado apareceu com o marido e eles me levaram pra lá, aguentaram meu choro, escutaram meu desabafo, compreenderam minha perplexidade, deram conselho assim e assado. Enfim. Fizeram essas coisas que gente de bem faz por quem está precisando. O que me dói, bicho, é que ela nunca se dignou de me dar nenhuma explicação. Simplesmente fez a mala, bateu a porta e me botou no olho da rua. Isso não é jeito de acabar um casamento, é? E ainda mais porque sempre fui um bom marido, um bom pai. Quero que alguém diga um tantinho assim contra mim. Não tem como. Eu sei que terminei colocando um detetive particular na cola dela. As pessoas podem até achar que foi erro meu, que invadi a privacidade da ex-mulher como se fosse um bem de minha propriedade, essas coisas todas que se diz hoje em dia, mas eu merecia uma explicação, desse direito não abri mão. Se não me quer mais, tudo bem, mas me dê ao menos o motivo. Você acha que foi erro meu? Bom, também não adiantou de nada, o cara veio com a história de que estava tudo limpo. Cá pra nós, eu tenho certeza que o safado levou bola pra ficar calado. Sabe por quê? Um belo dia, coisa de uns três ou quatro meses depois, fui fazer a feira no Pão de Açúcar da Epitácio e, chegando lá, quem eu vejo na fila do caixa, empurrando o mesmo carrinho com Pablo Guedes. Você lembra dele, da turma de Cláudio Marcelo? Pois então, o próprio! Os dois estavam no maior papo, risinho pra cá, cabelo pra lá, mão boba acolá. Eles não me viram, mas eu matei a charada. O pior, bicho, é que a gente tinha ido ao casamento de uns amigos pouco antes da separação e diga quem estava na festa e veio puxar conversa com ela debaixo do meu nariz. Aí tem coisa, tá vendo? E aquele filho da puta levou bola pra calar o bico, só pode. Olhe, dá até uma dor no peito quando penso nisso, mas depois desse dia no supermercado eu dei pra prestar atenção no rostinho de Duda, no jeitinho dela de falar e, Deus me perdoe pelo que eu vou dizer aqui, mas a menina não tem nada meu não, bicho. E o que é pior, nem da mãe. Olhe, já nem sei mais o que fazer de tanta aflição, mas tenho rezado muito, rogando paz no coração pra encontrar um caminho. Pensei até em pedir o DNA, porque aí tirava logo essa dúvida. Se aquela menina não for minha filha, eu me mato. Pode escrever aí, Tião, me... obrigado... obrigado... desculpe aí... não queria ficar assim na sua frente... garçom, outra dose. Você tem cigarro? Como é que fui esquecer. Tá vendo? Eu não fumava, nunca fumei, mas depois dessa história parece que a vida toda saiu dos trilhos. Agora bebo, fumo e não fodo. É sério, bicho. Ria não que é sério. Vou lhe contar outra pra você ver que em cima de queda vem coice. E olhe que as coisas até que estão melhorando agora. Mas quando eu saí de casa, passei um tempo com a vida em banho-maria. Era uma confusão atrás de outra no escritório, Leninha entrou com o litigioso, a menina começou a ficar agressiva e teve que ir pra psicólogo, uma loucura. Já eu fui ficando tão sem cabeça que larguei o escritório às moscas, a clientela foi escorrendo pelos dedos e, quando dei por mim, os honorários começaram a fazer falta. Morando mal, comendo só porcaria e ganhando pouco, a receita do infarto fulminante. Até que um pessoal conhecido me chamou pra trabalhar no jurídico da eleição pra Governador e eu saí do sufoco. Entrou uma grana boa e deu pra pagar as contas, organizar um apartamentozinho mais decente, providenciar umas coisas aí pra Dudinha e, como eu também sou filho de Deus, decidi me dar ao direito, né. Tião, não me leve a mal, mas você há de convir que eu já ia pra coisa de um ano sem companhia. Ainda por cima, eu não tinha ninguém da minha idade e do meu nível pra sair, um amigo solteiro pra cair na noite e dar em cima das meninas. Então, ficava muito só, todo mundo casado, com filho. Aí, um belo dia, campanha do segundo turno pegando fogo aqui e no país inteiro, saí do escritório já tarde, parei em casa pra tomar banho, decidido a ter uma noite diferente. Entrei lá no site das coelhinhas, dei uma navegada e vi uma, bicho, que fotos, cara! Que corpo! Não contei conversa. Liguei pra garota, negociei o preço. A donzela ainda se fez de rogada, acredita? Disse que era de nível, não fazia por menos de quinhentos nem amarrada. Pois é amarrada mesmo que eu vou te comer! E me danei pro Pigalle. Isso era por volta das oito da noite. Quando eu passei ali pelo viaduto da Tancredo, vi uma multidão no Forrock, carro pra tudo quanto era lado, trânsito ficando lento. Lembrei que ia ter comício de Ricardo. Passei por cima do engarrafamento, fiz o contorno, pedi a melhor suíte e liguei pra ela. Quarto tal. Ela disse tá certo e desligou. Lavei as mãos e o rosto, desabotoei a camisa, deitei na cama e fiquei ali zapeando a tevê. GloboNews, Record News, filme de quinta, canal pornô de sexta, o tempo passando, a garota demorando e, quando dei por mim, eu estava era prestando atenção no comício. O som vinha lá do Forrock, eu reconheci a voz de Ricardo. Liguei pra Renata e nada, só chamou. Liguei de novo e desligado. Secura do caralho. Abri o zíper, botei o pinto pra fora e comecei a bater uma. A tevê ficou ligada no noticiário, Ricardo acabou de falar do outro lado do muro, o celular chamou, era engano, e eu lá. Fechei os olhos e fiquei pensando nas fotos, fui me desconectando dali e imaginando o modo de gemer da puta, fingindo que ela estava cavalgando ali em cima e eu metendo sem dó nem piedade, até que uma voz foi chegando, ganhando um timbre conhecido, parecendo juntar palavras em frases sem muito sentido, e eu fui estranhando, ficando inquieto, broxando, até que abri os olhos e, porra! – era Dilma! Bicho, eu fiquei tão puto, mas tão puto, que nem pensei duas vezes, peguei o controle remoto na cabeceira da cama e atirei na tevê com a força de mil furacões. O vidro se espatifou todinho. Dá pra acreditar numa coisa dessas, bicho? Uma rapariga me expulsa de casa, outra me dá um bolo no motel e ainda vem essa quenga aí, não satisfeita de foder o país, e invade minha punheta?! Caralho, Tião! Paguei a conta e saí de lá desembestado. Pra mais nunca!

EDITORAMOINHOS.COM.BR

Este livro foi composto Meridien LT STD,
em papel pólen soft, em janeiro de 2019, para a Editora Moinhos,
enquanto Caetano e Moreno Veloso estavam a *Um passo à frente*.
Um jornalista, no Brasil,
havia acabado de falecer na queda de um helicóptero.